ひまができ
今日も楽しい
生きがいを

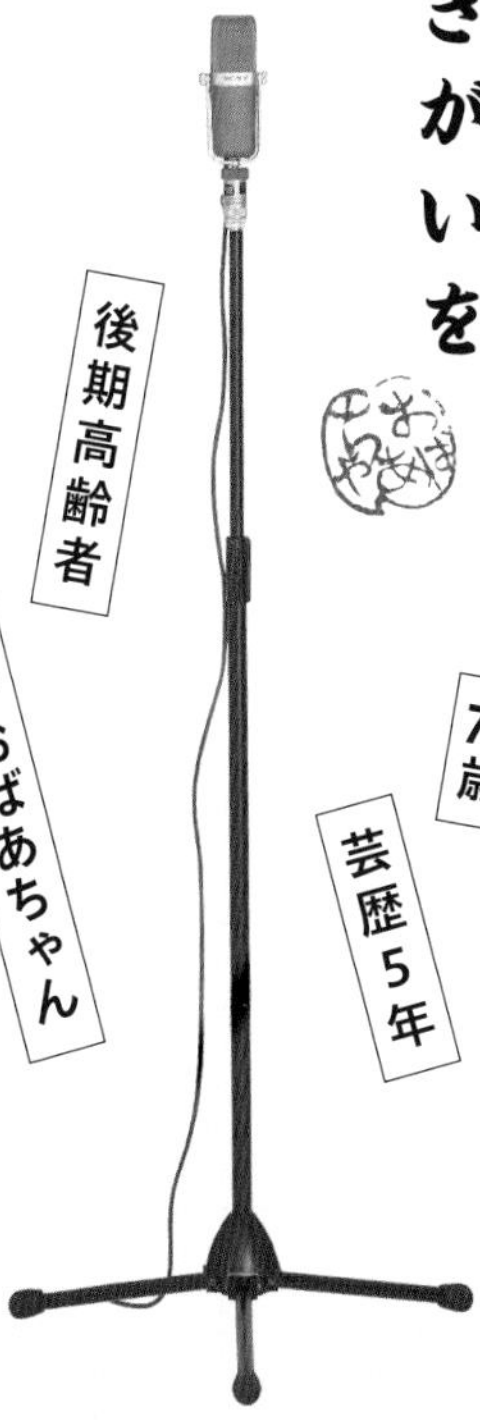

77歳
芸歴5年

後期高齢者
芸名　おばあちゃん

ヨシモトブックス

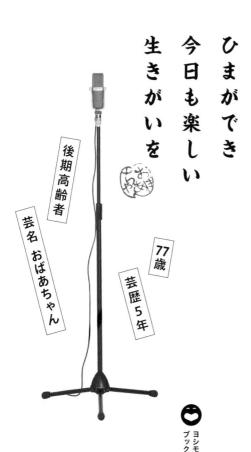

夢を追う　若者たちの熱気あり

次世代コーナーライブ
「needs」
@ヨシモト∞ドーム（渋谷）

ネタではなく大勢の若手芸人でゲームなどをおこなう、恩師・山田ナビスコさん主宰のライブに出演。廊下兼楽屋を通ると、たくさんの若い芸人たちが集まってきてくれます。もしかすると若者たちと日本一からんでいる77歳かもしれませんね。

同じチームの尾花さんと演目を確認

集まれ！
次世代芸人

同期のみんなと。いつも元気をもらってます

ゼッケンつけます

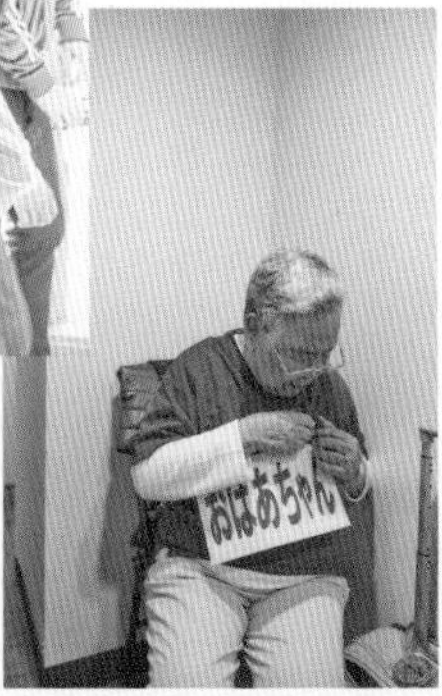

今日は「司令塔を探せゲーム」に挑戦。
MCのデニス・植野さん。

出番前の和やかな時間

はちまきを巻いてもらって本番へ

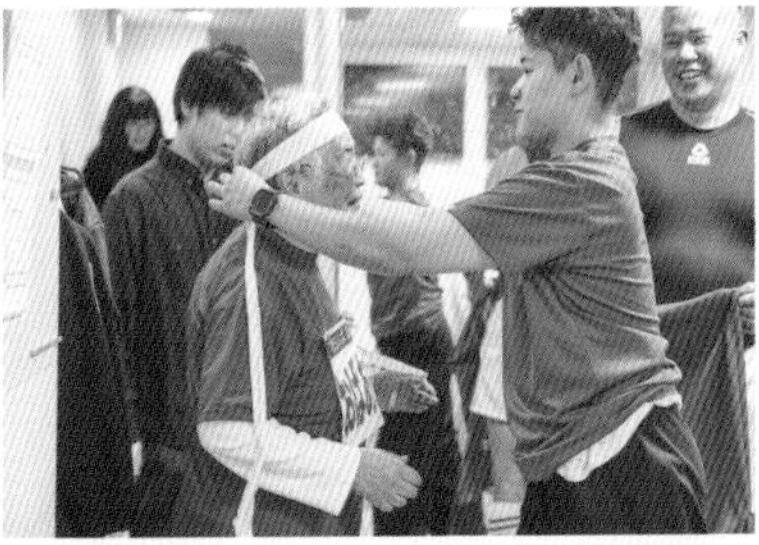

「お正月」をお題にモノボケ中～

MCの先輩芸人、デニスの松下さんに笑ってもらえた!

今日も楽しませてもらいました!

合間に山田さんに
ネタをチェックし
てもらいます

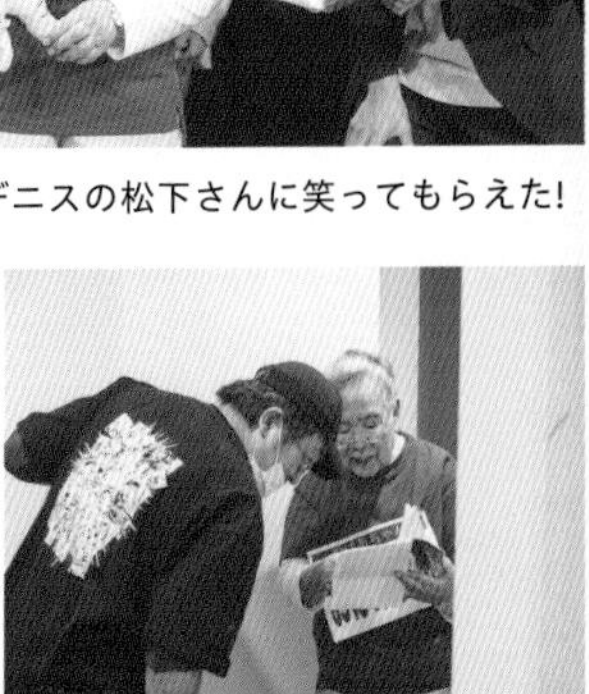

ここが私のホームグラウンドです

「Jimbocho ばちばちライブ」

@神保町よしもと漫才劇場

劇場に着いたら6階の事務所へ挨拶に行き、その後、楽屋のある4階へ。思い思いに過ごす所属メンバーたちへの"おせんべい配り"が始まります。そして、出番の2番前には舞台脇にスタンバイ、自分の番が無事終わると心底ほっとします。

手ェ出して

エルフのおふたりにお裾分け♪

Lesson Room
いただきま～す

作ってきたの
へぇ～
あら
美味しい

ぼる塾さんもいつも喜んでくれます

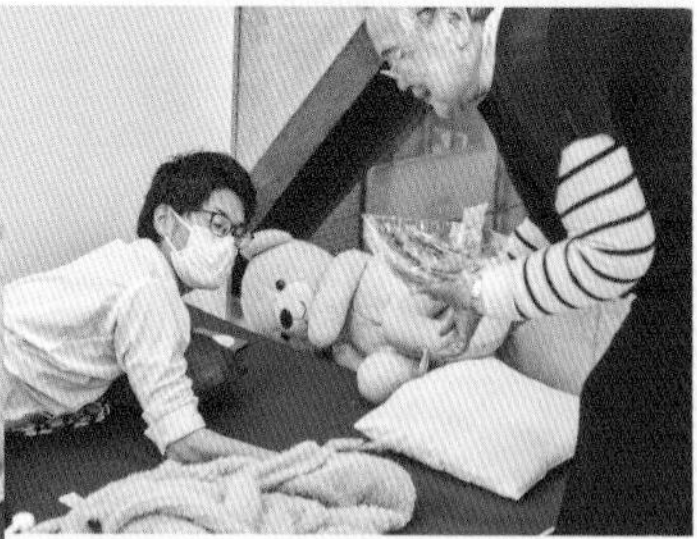

仮眠中だったのに声をかけちゃった

もう1枚どう?

楽屋の隅々まで配って回ります

若者に 教えを乞うて 明日がある

3本の川柳ネタを披露。お客さんの間に立つ時は常に緊張しています

劇場ではいつも若いパワーをもらえて幸せです。

素敵じゃないか・柏木さん、ナイチンゲールダンス・中野さん、金魚番長の二人と

気がつけば　いつの間にやら　おばあちゃん

「注目の若手寄席」
@セレモニー越谷東口ホール

初めて営業に呼んでくださった葬儀場から再びお声が!　本物のお坊さんコンビ·観音日和さん、落語家の三遊亭わん丈さんと一緒に寄席に出ました。同世代の来場者が多く、帰り際には記念写真やサインも求められ、なんだか有名人になった気分!?

衣装をキャリーケースに詰めて営業へ

観音日和のおふたりはとっても好青年で、話が弾みました
「ともに精進していきたいです」(右·築山弘知さん、左·工藤弘道さん)

おばあちゃん

お客さんとの距離が近くアットホームな雰囲気

同じ来場者だと
間違えられちゃった

こちらこそ
です
勉強させて
いただきました

三遊亭わん丈さんは2024年3月に
真打昇進だとか

今日はネタとトークで30分!

無理ムリ~

好きなこと見つけて
頑張ってね
子供は宝だからね

ふじさんシニアクラブ
富士宮文化祭
文化講演会
@富士宮市総合福祉会館

静岡県富士宮市のシニアクラブの皆さんに向けて、静岡県住みます芸人のさこリッチさんとトークショーを行いました。250人もの前でのネタは初めてで緊張したけれど、さこリッチさんがエスコートしてくださったおかげでウケて良かったです。

新幹線に乗ってやってきました!

NHKさんも取材に!

お客さん250人!

お客さんが同年代〜上の年齢の方ばかりで、ネタに共感してもらえて大盛況

高齢者 笑う門には福を呼ぶ

芸歴21年目のさこリッチさんが一緒で心強かったです

会場が共感&笑いの渦に!

ウケたし景色もいいしでご満悦です

後ろに富士山が

おばあちゃんのサイン

はじめに

こんにちは、「おばあちゃん」です。ただいま77歳の、後期高齢者。私が劇場の舞台に立てば、老人が病院と間違えて迷い込んだと勘違いする人もいるかもしれません。センターマイクを持つと、点滴に見えるかもしれません。

でも、こう見えても現在、吉本興業《よしもとこうぎょう》に所属する〝芸人〟です。年齢だけはベテランながら、まだ芸歴5年というヨボヨボの若手でございます。

そう、実は私、71歳で吉本興業の芸人養成所である『NSC（吉本総合芸能学院）』に入学しました。どうやらNSCでは珍しい高齢の生徒だったようです。

そのせいか、学費を振り込もうとした銀行では詐欺に遭っているのではないかと疑われ、入学式では生徒の祖母と間違われ……。確かに、まさかこんなおばあちゃんが一からお笑いを勉強するとは誰も思いませんよね。

でもありがたいことに、同期の人たちをはじめとする周りの温かいサポートのおかげで、無事に卒業することができました。

その後、自分を芸人だと自覚しないまま、呼ばれたライブに出るという生活を続けること数年。２０２３年６月に、本人はよく理解せずに参加していた東京『神保町よしもと漫才劇場』のオーディションバトルに勝ち上がっていたようです。周りの人たちに教えられ、所属メンバーになったと知りました。

にもかかわらず、さまざまな新聞やテレビ、雑誌などに取り上げていただき、こうして本を出すまでに至り、私が一番びっくりしています。


振り返ってみれば、これまでの人生、チャレンジの連続でした。

私が生まれたのは昭和22年。戦後まもない頃だったからか、女に学問は必要ない、という母の考えから学校に行きたくても行けませんでした。それでも学びたい気持ちは止められず、仕事をしながら自分で学費を貯め、20代で高校、40代で短大、さらに放送大学を卒業し、教授との共同論文は学会でも発表していただきました。

その間には、乳がんを患い、手術をしてしばらくしたら卵巣や子宮への転移がわかり、金銭的に主人へ迷惑がかかると離婚を考えたことも。また、30年以上勤めた会社を64歳で辞めてからは、膝の手術をしたり、主人が肺がんになったり、兄の介護をしたり……。自分と身内の病院に行ったり来たりする毎日でした。

一方で、暇に耐えられない性分ゆえ、ちょっと膝の調子がよくなるとすぐに外へ出かけたくなり、縁があって高齢者劇団に参加して。その過程で、NSCの存在を知ったのです。

こうしてつらつらと並べてみると、ずいぶん波乱万丈に見えるかもしれません。でも、私自身はずっと、「自分には何もない」と思って生きてきました。

だから、まさか人生の終盤に差しかかり、ここまで慌ただしくも楽しい日々を送ることになるとは予想外でした。

年のせいとあきらめず、やりたいことに挑戦したご褒美でしょうか。

いや、〝年だから〟できたんでしょうね。

ここで一句。

喜寿迎え　探し続ける　好きなこと

人生100年時代といわれる中で、老後に何をしていいのか分からず、不安を感じている人は多いのではないでしょうか。

私の周りにも、定年退職したら予定がゼロだという人は結構います。若い時ほど身体《からだ》も自由が利かなくなりますしね。また、現役時代に仕事などで成功を収めた人ほど、できない自分を人に見せたくない気持ちが勝り、新しく何かを始めるのを躊《ちゅう》躇《ちょ》してしまいがちです。

でも、年のせいにして、興味のあることをあきらめてしまうのはもったいないと思うんです。あきらめなかったおかげで今、私は毎日が充実しています。

だから、この本を読んで、「年を取ったからできることもあるのだ」と知ってもらえたら。そして、何かにチャレンジするきっかけになれたら、うれしいです。

目次

第二章

おばあちゃん72歳　芸人デビュー

年だから 失敗しても 許される

第三章 おばあちゃん0～77歳 これまでの人生

人生は 笑って泣いて 繰り返す

第四章　おばあちゃん77歳　今とこれから

人知れぬ　自分を見つめ　ゆっくりと

第一章

おばあちゃん71歳
芸人養成所へ行く

若者と 学ぶ喜び たからもの

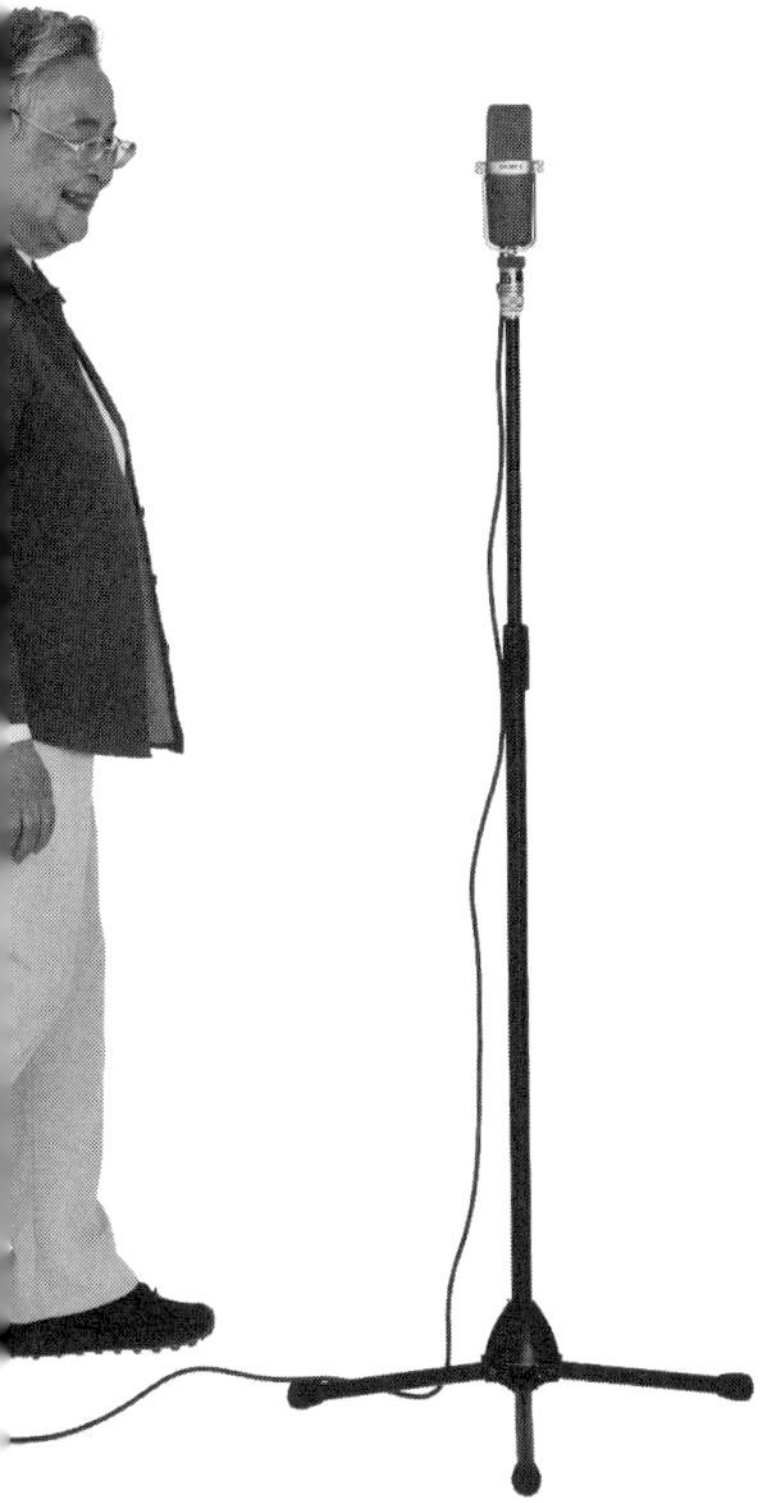

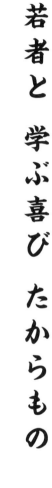

そんなつもりはなかったのに
71歳で吉本興業の芸人養成所へ

2018年4月。NSC東京校に24期生として入学した私の年齢は、71歳。

その年になって、なぜ芸人を目指したのか。皆さん、気になりますよね。

転機になったのは、68歳の時に高齢者劇団に出会ったことでした。

最初は観客として楽しんでいたのが、いつしか演者側に。中学時代に演劇部だったので、なんとかなるだろうとたかをくくっていたところ、なにせ演劇用語がまったく分からない。

「板付きで出なさい」と言われれば、「私はかまぼこじゃないよ？」。「そこ、はけなさい」と指示されても、「掃除じゃないんだし……」。

今でこそ、「板付き」は幕が上がった時にはすでに舞台上に立っていること、「はける」は舞台上から人や物が消えることだと理解していますが、当時はてんで話になりませんでした。

このままでは皆さんに迷惑をかけるし、本気でやるならちゃんと演劇の勉強をしたい。そんなふうに考えて、70歳の時、新聞の広告欄に載っていたいくつかの演劇学校などに電話をかけてみました。ところが、私の年齢を聞いただけでけんもほろろに断られる。「うちは25歳以上は取っていません」「けがをすると危ないので」などと、きっぱりです。

もうダメかぁとがっくりしつつ、それでもあきらめきれず、「演劇の勉強したいんだけど、どこかないかしら？」と友人に相談したんです。そうしたら、ある日、薬の処方せんの袋に電話番号を書いたものを持ってきてくれました。

そうそう、高齢者はメモ帳を買いません。薬の明細書などを切って裏紙を使う。戦後の物がない時代に育っているから、どんなものも無駄にしたくないんです。周りの友達は皆、同じように再利用しています。高齢者あるあるですね。

余談はさておき、書かれているのが電話番号だけだったので「これ何？」と聞いたら、「分かんないけど、演劇の勉強ができるとこらしいから電話してみ！」と友人。どうやら、お子さんがインターネットで調べてくれたよう。

電話をかけてつながったのは、吉本興業が運営する、構成作家の養成所（ＹＣＣ。現ＹＣＡ）。

「何になりたいんですか？」と電話口で聞かれ、「舞台をやりたいんですが、お笑いにも興味があります」と伝えたところ、ＮＳＣを紹介されました。

そうは言ったものの、当初は本気でお笑い芸人を目指していたわけではありません。学校へ行ったからといって、まさか自分がプロになれるとは考えてもいなかったし、何より年齢が年齢です。

だから、あくまで舞台について学ぶことが第一で、卒業後は高齢者劇団に戻ろうかなぁくらいの気持ちでした。

ただ、少なからずお笑いにも興味があったのでしょうか。私が子供の頃、中田《なかた》ダイマル・ラケットさんの漫才を見て、「何も道具を持たずに、おしゃべりだけで人を笑わせられるんだ」と感激した記憶があります。

それに、私が吉本に入ったと連絡した時に「やっぱりね」と納得した中学時代の友人が、思い出したように教えてくれたんです。私たちはいつもゲラゲラと笑っていて、先生から「お前ら、おもしろいから吉本行け」と言われていたと。

確かによく笑ってましたねぇ。とはいえ、これまでの人生で「芸人になりたい」なんて夢にも思ったことはありませんでした。だけど「笑うっていいな」とはずっと思っていたんです。


NSCに電話をした私がまず確認したのは、いちばんの懸念材料だった年齢制限について。「70歳でも入れますか?」と聞くと、「大丈夫ですよ」とのこと。あっさりOKだったのでびっくりしましたよ。

でもその時点では、参加していた劇団の公演が6月まであり、入学するには中途半端な時期だったため、いったん保留にしました。

「6月の公演が終わってからでもいいですよ」と言われたのですが、未知の分野を一から学ぶには最初が肝心です。それに、いずれにしても学費をまるまる納めなきゃいけないのであれば途中からではなく4月からスタートしたい。すでに年金生活に入っていますから、お金は一円も無駄にはできません！

そうして演劇に区切りをつけ、翌年、改めて「71歳になりましたが、本当に大丈夫ですか？」と電話をしました。すると、問題ないとの返事とともに「まずは面接に来てみませんか？」と、当時NSCがあった神保町（現在は池袋）に呼んでもらったんです。

行ってみると、ほかにも40～50代の方たちが何人かいて、「シルバー向けのコースを作ってもらえるのかな」と気持ちがやや軽くなったのを覚えています。

面接で聞かれた質問は、2つ。

「ビルの6階まで階段をのぼれますか？」

「学費は払えますか？」

この6階というのがポイントで、NSCの事務所があるフロアなんです。また、女子トイレも6階にしかありません。

NSCのしきたりとして、授業の前に必ず事務所へ顔を出して「おはようございます。今日もよろしくお願いします」と挨拶をしなければならないんです。その後、5階や4階にある教室へ向かいます。ビルにはエレベーターもありますが、生徒は乗れません。必ず階段を使うルールになっています。

「大丈夫です。のぼれます」

数年前に膝の手術をしていますが、もう大丈夫だと自分に言い聞かせ、見栄を張りました。本当は自信がなかったんですけどね。

というのも、どうせ落ちるだろうなと思っていたんです。その日は、プリントを渡され、その場にいる人同士でペアを組んで掛け合いのようなこともおこなったのですが、まったく手応えがなかったので。

ところがどっこい、予想に反して後日、合格通知が届いた。

「嘘だろ?」

目を疑いました。

認知症でも詐欺被害でも孫の付き添いでもありません

NSCの合格通知が届き、まずは主人に報告です。

「お父さん、私は吉本に行くことにしたよ」

「ああ、そうかい。吉本は老人ホームも作ったのかい」

「いやいや違うよ、お笑いの勉強をするんだよ」

「今さらお笑いの勉強かい？　お前自体がもうお笑いじゃん」

そんな会話を交わしました。でもそれで、あっさりと報告終了です。

主人はこれまでの長い結婚生活で、私が何かやると決めたら絶対に実行する人間だとよく知っているので反対はしません。

「協力はしないけど邪魔もしないよ」というスタンス。とは言いつつも、自分のできる範囲で協力してくれています。ありがたいですね。

次に、学校へ提出する健康診断書を発行してもらわなければなりません。かかりつけ医はあるのですが、個人医院ゆえ、必要な診断項目すべての検査はおこなえない。そこで、初めて行く総合病院へ問い合わせの電話をします。

「学校に提出する健康診断をお願いしたいのですが」

「はい、大丈夫ですよ。おいくつの方ですか?」

「71歳です」

「えっ!?」

電話に出た受付の女性は、しばらく絶句した後。

「いったいどこに出すんですか?」

「お笑いの学校です」

「えーっ!」

再び驚かれた。でも健康診断は問題なく受けられるとのことで、予約して後日検査に行きました。

担当してくれたのは50代くらいのベテラン医師でしたが、私のようなケースは初めてだったらしく……。

「(医師のコメント欄に)どこまで書いていいのか分からない」

それはそうですよね。だって70代なんて、どこかしら身体に不調があるに決まってるんだから。

でも、血圧が多少高いことや膝の手術歴があることが入学取り消しの理由になるのだけは避けたい。

そこで、「いつもかかりつけ医に診てもらっていますから診断書には余計なことを書かないでください」と先生にお願いしたら、書き方を配慮してくださいました。

ただ、お笑いの学校に行くとも伝えてあったので、最後に冗談交じりに言われましたよ。

「念のため、認知症の検査もしておきますか?」って。

入学までのてんやわんやはまだまだ終わりません。

今度は、数十万円の学費を支払うために銀行へ向かいました。窓口で通帳を渡し、「学費の振り込みをお願いします」と伝えると、「この通帳は誰のものですか？」と担当者。

「私のものです」

「学校に通われるのはお孫さんですか？」

「いえいえ、私です」

「えっ⁉　カルチャーセンターみたいなところですか？」

「ううん、違いますよ」

「何の学校ですか？」

「お笑いです」

「お笑いの学校って、何をするんですか？」

「よく分からないんですけどね、お笑いのことを教えてくれるって言うんで」

普通、振り込みをするだけでそこまで細かく確認しないですよね。その上、私の説明も的を射ない。きっと担当者は振り込み詐欺に遭っていると慌てたはず。「ちょっとお待ちください」と窓口から奥に引っ込んで、支店長らしき人のところへ行きました。

ほかにも複数の銀行員が私を見ながら、ひそひそと何かを話している。その時は私もまさか詐欺を疑われているとは思っていなかったので、ニコニコしながら見返したりして。呑気《のんき》なものですよね。

そして、再びさんざん話を聞かれてから、合格通知書も持参していることを思い出した。合格通知書には名前も住所も記載されているので納得してもらえ、ようやく30分以上かかって無事に振り込むことができました。

こうしていよいよ入学式の日を迎えます。おこなわれるのは、新宿にある『ルミネtheよしもと』。面接に行った限りでは、シルバー向けのコースに入るのかな？　と思っていたのですが……。

周りを見回せば、何百人もいる新入生のほとんどが10代、20代。70代のおばあちゃんはあきらかに浮いています。そして案の定、簡単には座席までたどり着かせてもらえません。

劇場のロビーに着いて入学式の受付へ向かおうとすると、チケット売り場の人に呼び止められます。

「おばあちゃん、そっちじゃないですよ。チケットはこちらです」

公演チケットを買い求めに来た一般客だと間違えられました。

今度は、入学式の受付をしている男の子が私の顔を見て言いました。

「おばあちゃんね、今日は付き添いはダメなんだよ。入れないから、帰ってもらえる？」

孫に付き添って見学に来た祖母だと勘違いされたようです。

「いや、私本人です」

合格通知書を見せると、男の子は「えっ⁉」と驚いた表情で私の顔を二度見しましたよ。

50代くらいまでなら、NSCに入る人は結構いるみたいなんです。また、定年を過ぎて挑戦する男性もちらほらいるそう。でも、さすがに70を過ぎたおばあちゃんは珍しすぎた模様。

周囲にいた同期の人たちも、おばけでも見るような顔をしていてね。

もう、逆に楽しくなっちゃった。むしろ、この年で学びに来られることが幸せだなと思えた。

だから、開き直って「いくらでも見て！」。そんな気持ちになれましたね。

退学になったら悔しいと思って自分から「できない」は言わなかった

勘違いだらけの入学式を経て、いよいよNSCでの生活が始まります。若い人たちに交じって、1年間ちゃんとやっていけるのか、不安と期待を胸に授業初日を迎えたわけですが、まずは〝あの〟難関が待っていました。

勘のいい読者の方はお気づきかもしれませんが、そう「階段」です。

ビルの6階まで階段をのぼれることが入学の条件のひとつだったのは、ご承知の通り。では膝に爆弾を抱えた71歳が無事、のぼれたのかというと……。

はい、のぼれました！

なぜなら、ビルの階段は人ひとりが通るのにやっと、というくらい幅が狭く、かつ両脇に手すりが設置されていたからです。両手で掴《つか》みながら歩けるので、のぼり下りはそれほど苦になりませんでした。

かといって、若い人たちのようにスタスタのぼれるわけではありません。牛歩のごとく、えっちらおっちら。私のペースで進んでいると、気づけば後ろに生徒たちが大名行列のように連なっているではないですか。

このままではマズいと授業2日目で気づいて以来、授業開始よりもだいぶ早い時間に着くように家を出発することにしました。

そのため、いつも一番乗り。事務所の方たちの出勤前に到着しているものですから、階段の踊り場で事務所が開くのを待ったものです。


また、私は荷物が多くなりがちで、リュックサックを背負い、キャリーケースをガラガラと引くのが毎度のこと。さすがに両方を持ってひとりで階段をのぼるのは老体には不可能でした。

近くに誰かいれば、皆さん手伝ってくださいます。そうではない時は、先にリュックサックを置きに上がったら、階段を下りて、今度はキャリーケースを手に再び運ぶ……と、階段を往復することもありました。

実はそれが、ものすごくいい運動になったんです。会費を払ってスポーツジムなどに行かずとも体重が減り、筋肉や体力がつきました。おかげで、定年後に手術した膝の調子は今でも良いままです。


階段はなんとか攻略したものの、入学当初は攻略しなければならないことがまだまだたくさんありました。

というのも、ＮＳＣの授業は多岐にわたります。

ネタを考えて講師の前で発表する「ネタ見せ」をはじめ、大喜利やモノボケなどにチャレンジする「コーナー」や、「発声」、「演技」、「ダンス」といった基礎の授業に加え、「スーツアクター」や「殺陣《たて》」などの選択授業（当時。現在はおこなっていません）、吉本興業所属の芸人による特別授業……。

どの授業も初めて学ぶことばかりで、ついていくだけで精一杯でした。

でも、こんなに年を重ねたのに、毎日が新鮮そのもの。往復４時間かけて通っていましたが、無遅刻無欠席の皆勤賞を達成できました。

……ただひとつ、ダンスを除いて。


実は、ダンスは入学して3カ月で免除になったんです。

当たり前ですが、ダンスの授業は飛んだり跳ねたり、とにかく体を動かします。また、芸人は体力勝負ですから、ダンスの前には腕立て100回。しかもグループに分けられ、ひとりでも脱落するとまた一からやらされる。連帯責任なんです。

さすがに71歳には無理な話。100回どころか1回もできません。仕方がないので「もうおばあちゃんはうつ伏せでいいよ」と、講師が連帯責任の輪から私を外してくれました。

でも、腕立ての後は、手や足をさまざまに動かしながら部屋の隅から隅まで全力で走らなければならない。

私もなんとかみんなについていこうと必死で身体を動かしたものの、きっと周りは危なっかしくて見ていられなかったんでしょうね。3カ月が経った頃、事務所に呼び出されました。

「おばあちゃんはダンスには出なくていいです」

「もしかして卒業できませんか？」

「大丈夫です。ダンスを免除するだけですよ」

それを聞いて、安堵《あんど》しました。

私自身もダンスの授業を受けながら、「危ないな。これはまずいな」と心の中は不安でいっぱいでしたから。でも自分から申告して「じゃあ退学してください」と言われたら悔しいと思って黙っていた。せっかく勉強させてもらえるんだから、とにかく卒業だけはしたいじゃないですか。

どうやら、そんな私の心情を講師のアシスタントを務めていた先輩芸人さんがなんとなく気づいてくれたようです。講師や事務所の方にお話ししてくださって、免除の結論に至ったとのことでした。

申し訳ないと思いましたが、このように〝おばあちゃん限定〟の気遣いはいろいろなところにありました。

たとえば、私は足が悪いので、どの授業でも椅子を用意してくださいました。でも他の生徒は皆、床に座って待機しているため、どうしても目立ってしまいます。だから、最初の授業では必ずと言っていいほど、教室に入ってきた講師が二度見、三度見。その後、アシスタントを務める1年上の先輩芸人に尋ねます。

「あの人誰？　参観日？」

幾度となく保護者に間違われてきたので、私には慣れっこのやりとりです。

また、芸名が「おばあちゃん」に決まった後には、こんなこともありました。

私のことを聞いた男性講師にアシスタントが「あの方、おばあちゃんです」と答えたところ、「いくつであろうと、女性に対しておばあちゃんは失礼だ。そういう言い方をしてはいけない」と注意してくださったんです。すぐに私がフォローすればよかったのですが、緊張のあまり口を挟めず……。

結局、私がネタを見せる際に「おばあちゃんです」と自己紹介をしたら、ハッとした顔をして気づいてくださったようです。アシスタントの先輩芸人には悪いことをしました。

そうそう、なぜ芸名が「おばあちゃん」になったのか。実は、発案者は私ではありません。同期の男の子のひと声で決まりました。

というのも、ある日のネタ見せで、来た順にホワイトボードへ芸名を書くように指示されたんです。でも私はそもそも芸人になれると思ってなかったので、何も考えていなかった。「クレオパトラじゃダメかしら……」なんてぶつぶつ言いながらボードの前にたたずんでいたら、後ろから声が飛んできました。

「おばあちゃんだから、おばあちゃんでいいじゃん!」

すると周りの子たちも「いい名前じゃん。おばあちゃん!」と賛成してくれた。

うん、見たまんまだし、悪くないな。こうして、あっさり決定しました。今ではしっくりと馴染み、これ以外に良い芸名はないと思える、愛着のある名前です。

話を戻しますと、ほかの生徒たちに迷惑をかけないためとはいえ、私への特別扱いを良く思わない子もいるだろうなと、申し訳ない気持ちもありました。

もちろん、直接悪意を向けられたことはなく、優しく接してもらった記憶しかありません。それでも、若い子たちはお笑いで一旗揚げようとこれからの長い人生をかけてNSCに来ているわけですから、「年寄りってだけで目立つなんて冗談じゃない」という考えがあってもおかしくありません。

ですから、在学中はあまりでしゃばらないように気をつけました。

たとえば、授業で講師にネタを見てもらうのは、原則1回。時間に余裕があって2回、3回と発表できる場合もありましたが、その時は若い人に譲る。そう決めていました。

老い先短い私には伸びしろはないですもの。若い人にどんどん伸びてもらいたい。その一心でしたね。

2泊3日の合宿にも志願して参加
やればできるもんだと自信がついた

9月の頭には、静岡でおこなわれる合宿にも参加しました。2泊3日で、NSC大阪校の同期と合同です。

希望制ですが、合宿があると聞いた時点で、私は絶対に行こうと決めていました。ただ、事務局に「行っていいですか？」と許可を求める言い方をしたら、「ダメです」と却下される可能性がある。そこで、向こうが断れない方法は何かと知恵を絞りました。

結果、もう正面突破しかないと考え、事務所に入るなり、

「すみません、合宿参加します。行かせてください！」

そうストレートに伝えたら、事務所にいた人たちが一斉に手を止め、びっくりし

た様子で私の顔を凝視しました。まさか私が行くとは思っていなかったんでしょうね。そして、しばしの沈黙の後、一番偉い人に言われたんです。

「参加してもいいけど、まずは医者の承諾をもらってきて。医者からOKが出たらいいよ。それと、何かあった場合に備えて、かかりつけ医にはすぐ連絡が取れるようにしておいて」

「わかりました！」

すぐにかかりつけの内科へ行きましたよ。

70過ぎのおじいちゃん先生で、正直に「実は吉本の芸人養成所に通ってるんです」と伝えたら、面白がっちゃって。「いいよいいよ、好きにしなさい。うちの電話番号を伝えて、何かあれば俺のところに連絡くれればいいから」とおっしゃってくださいました。

こうして無事、条件をクリアし、いざ合宿へ！

合宿は、とにかく笑いっぱなしの楽しいひとときでした。

バレーボールをする間、ずっとホースで水をかけられてびちゃびちゃになったり。借り物競走では、スニーカーと書かれたカードが出た瞬間、躊躇なく自分の靴を脱いで、裸足で全速力で走って渡す姿に「ワオ!!」と驚いたり。若い仲間たちに交じって過ごすうちに、若返った気分にもなれました。

一方で、普段の授業と同じく、年齢や体力を考えて、周りのみんながいろいろな面で気遣ってくれました。

合宿中は夜遅くまで授業がある中、行き帰りのバスも含めて居眠りをしてはいけないルールでしたが、私は免除。年寄りはどうしてもウトウトしてしまうんですよねぇ。

また、さまざまなバトル企画がおこなわれ、そのたびに罰ゲームがあります。たとえば、勝ったほうは豪華な食事を食べられるけど、負けたらご飯と味噌汁だけ、とか。

もちろん、それは私も甘んじて受けましたよ。ご飯と味噌汁を美味《おい》しくいただきました。

ただ、激辛のカレーライスを食べるという罰ゲームの際は、大阪校の男の子が手を差し伸べてくれた。

「おばあちゃん、カレーは俺が食ってやっから、ご飯だけ食べちゃいな。ご飯は食べないとダメだよ」

優しいでしょう？　ありがたく、ご飯に塩をかけて食べましたよ。

こうして周りに手助けしてもらいながらも夢中で駆け抜けた2泊3日は、何でもやればできるんだと自信にもつながりましたね。本当に行ってよかったです。

50代の男性とコンビを組んだことも
ネタ合わせはいつもヒヤヒヤでした

実は在学中にコンビも結成しました。相方は、現在はピン芸人として活動しているとん汁無料《じるむりょう》（以下、とん汁）さん。「有名になりたい」が口癖の50代男性で、入学当初は若い子と組んでいたけど、うまくいかなかったようで私に白羽の矢を立てたようです。

一度は「無理よ」と断ったものの、コンビというものに多少興味はあったので、1カ月限定という約束で組むことにしました。

すぐに別れる前提だったため、コンビ名も、ふたりの芸名を合わせただけの『ボーイミーツガールとおばあちゃん』（とん汁さんは当時、ボーイミーツガールという芸名でした）。

にもかかわらず、どういうわけか学校内のイベントに出演するメンバーや、特別授業の選抜メンバーなどに次々と選ばれてしまったんです。

気づけば1カ月をとうに過ぎて、ずるずると3カ月が経ち、その間にはM－1にも出場しました。

1回戦で審査員がよく笑ってくれたから、とん汁さんが「おばあちゃん、絶対に2回戦に行けるから！　次のネタ考えて」なんて、はしゃいじゃって。このポジティブ精神が彼の魅力なんです。

でも、残念ながら1回戦敗退でした。まあ、そんなにお笑いの世界は甘くはないですよね。

ネタ作りは、基本的にとん汁さん。たとえば、私に幼稚園児の格好をさせて「ちいちいぱっぱ、ちいぱっぱ」を歌わせるんです。周りの子たちに「おばあちゃん、大丈夫？　これからずっと一緒にやっていけるの？」なんて心配されつつも、私自身は意外と楽しんでいました。

とん汁さんとのネタ合わせは、東京駅付近のカラオケボックスが私たちの定番スポットでした。

カラオケボックスに入れなかった時には、東京駅のフリースペースでネタ合わせ。大勢の人が行き交う場所ですから、注目を浴びる浴びる。

なにせ70代のおばあちゃんと50代のおじさんの組み合わせゆえ、まさか若手芸人がネタ合わせをしているとは思われない。医者と患者という設定のネタでは、とん汁さんが私の胸あたりに聴診器を当てるシーンもあって、通り過ぎる人が皆、すごい顔をして見ていましたねぇ。

中には私たちの近くを行ったり来たりしている人も。きっと、あまりに怪しすぎて警察に通報しようかどうしようか迷っていたんでしょうね。「あの人、さっきから私たちの周りをウロウロしてるから帰ろう」と、さっさと切り上げたものです。

危ない目に遭ったこともあります。

テーブル席が並んだ無料の待ち合わせスペースの隅っこで、オレオレ詐欺のネタを練習していた時のこと。私が被害者役、とん汁さんが電話をかけてだます役で、その場面の会話だけがちょこっと聞こえたみたいで、隣の席に座っていたおじさんが私たちを本物の詐欺師だと勘違いしたのか、「てめぇら、何やってんだ、この野郎！　世の中甘くみてんじゃねぇぞ！」といきなり怒り出した。

あまりの剣幕に、このままだと危ないし、説明するのも面倒だから逃げよう。そうふたりで判断して、荷物を持ってすたこらさっさと逃げました。しばらく追いかけられてね、ものすごく恐ろしかったけれど、今ではいい思い出です。

とん汁さんは本当に面白い人でした。コンビでやるのも楽しかったですし、今も仲がいい。

でも、さすがに3カ月以上は続けられなかった。ネタ合わせで帰宅が遅くなるので体力がもたなかったんです。「もうさすがに無理だわ」と伝えて、キリのいいタイミングで解散してもらいました。

みんなに「喫茶店でとん汁と別れ話をした」と言うと大笑いされるんですけどね。

結局、私にコンビ活動は難しかったけれど、貴重な経験をいろいろとさせてもらって、良いご縁でした。

同期が本当によくしてくれて最後まで楽しく通えました

ＮＳＣではどこを見渡しても、周りは親子ほど、いや祖母と孫ほど離れた若い人たちばかり。見るからに、私ひとりが浮いている状況です。それでも毎日楽しく学校に通えたのは、優しい同期たちがいてくれたからこそ。ＮＳＣ東京校の24期生でよかったと心の底から思っています。

私がすぐに馴染めたのは、まず入学式で気さくに話しかけてくれる人がいたから。元自衛官で、鉄道おたく。現在は北海道在住で、ピン芸人をしている、そのこさんです。入学式でたまたま隣の席に座って、仲良くなりました。

入学式の後、新宿から神保町のＮＳＣに移動しなければならなかったんですが、行き方に見当もつきません。当時はガラケーでしたから、スマホで調べることもできず、そのこさんに「すみませんが、連れていってもらえませんか？」とずうずうしくもお願いしたんです。

彼女も北海道から上京してきたばかりらしく「私もよく知らないんですけど、スマホ見ながら一緒に行きましょうか」と言ってくれて。彼女にくっついて神保町まで行きました。

嫌な顔ひとつせず連れていってくれた、そのこさん。彼女とは今でもお付き合いがあるのですが、NSC在学中もずっといろんなことで面倒をみてくださいました。入学後しばらくして私がガラケーからスマホに変えるまでは、NSCから授業のお知らせが来たら、必ずそのこさんが連絡をくれるんです。スマホに変えてからも、操作に慣れるまで根気強く教えてくれるし、会えば必ず荷物を持ってくれる。とにかく優しくて素敵な女性。彼女には感謝しかありません。

男女コンビ、喫茶《きっさ》ムーンのレヲンさんも、よく気にかけてくれます。彼女も移動する際には荷物を持ってくれたり、分からないことがあると親切に教えてくれたり。ある日、誰かの会話から聞こえてきた「腰《こし》パン」（ズボンなどをウエストではなく腰あたりの低い位置で履くこと）の意味が分からなくて、「腰パンって、どんなパン？　こしあんのあんパン？」って尋ねたら、「おばあちゃん、それ違うよ〜」と面白がってくれたりして。

最近はテレビにも出るようになったので、出演番組は必ずチェックしています。観てすぐに感想をメールすると、ものすごく喜んでくれる。自分の孫のような気持ちで応援していますね。

2023年に上方漫才協会大賞の文芸部門賞を受賞した狛犬《こまいぬ》のふたりも、学生時代から結構しゃべってくれました。

特にツッコミの櫛野《くしの》さんは、舞台で電気がビリビリ流れる罰ゲームがあると、「おばあちゃん、心臓に良くないからやめといて。死んじゃいけないから俺がやるよ」と身代わりに。このように、老体には負担がありそうな罰ゲームは、いろんな子が代わってくれたものです。

今名前を挙げた人たち以外にも、同期の人たちにはものすごく良くしてもらいましたね。

体操着を忘れてしまって買いに行こうとしたら、男女合わせて6人くらいがぞろぞろとついてきてくれた。「目の前のビルで買うから平気だよ」と断ったけれど、「迷子になっちゃいけないから」って。ひとりで行かせるのが心配だったんでしょうね。みんなの優しさに、在学中は何度も温かな気持ちになったものです。

自身の祖母に重ね合わせてくれていたのかな？「おばあちゃんのおにぎりが美味しかったんだよな」なんて懐かしそうに話してくれる子もいました。

またある時は、「俺もおばあちゃんがいてさ、大好きだったんだよなぁ」としみじみ言う子がいて、「いくつなの？」と年齢を聞いたら、「70歳だよ」と。

「じゃあ、私と変わんないね」

「でも死んじゃったんだよ」

その瞬間、周りの子たちが「バカヤロウ！　おばあちゃんの前でそんなこと言うなよ」なんて突っ込んで。その子はちょっと気まずそうな顔をするわけです。

「おばあちゃん、気を悪くした？」

「するわけないいじゃゃん。構わないよ」

悪気があったわけじゃないんだから、当たり前ですよ。いつでも、どんな話でも、彼ら・彼女らとのおしゃべりは心弾むひとときでした。

辞めてしまった子も含めて、同期と過ごした日々は今でもかけがえのない思い出です。

現役生ライブでは自分の結果より若い同期たちの活躍がうれしかった

6月からは月に1回、現役生によるライブ「RUSH《ラッシュ》」がエントリー制でおこなわれました。

現役生のライブはお客さんを自分たちで呼ばなければなりません。そのため、ライブに出る・出ないは自分で決めることができましたが、私は必ずエントリー。

というのも、NSC入りを報告した際に面白がってくれた大学時代の友人ふたりが毎回足を運んでくれたんです。3歳上の兄も、頼めば必ず来てくれました。

そんな心強い応援団のおかげで、いろいろなライブを経験できましたし、自分のネタに対する一般のお客様の感想を知れたのもよかったです。

チケットといえば、卒業後に劇場前で手売りをしたこともあるんですよ。

若手のライブではお客さんより出演者のほうが多いなんてこともしょっちゅう。幕が開いたら、客席にひとりしかいなかったことも。

それが出演者の彼女だったりすると、みんなが面白がって舞台に上げて、客席がゼロになっちゃうんです。「こいつのどこが好きなんだよ」なんてイジられている姿を見て、若いっていいなぁと口元が緩んだものです。

ただ、せっかくライブに出るならお客さんに見てもらいたい。

だから、あきらかに客席に人が入っていないと分かったある日、勇気を出してチケット片手に売りに行ってみたんです。

すると、50代くらいの女性に声をかけられました。

「あんた、宗教か何か？」

ほんと、NSCの合格通知を手にして以降、いろいろと誤解されっぱなしです。

でも、彼女の気持ちも分かります。道端でおばあさんがひとりでうろうろしていたら怪しすぎますよね。

「違うんです。このチケットを売っているんですが、もうお金はいらないので来てくれませんか？　もったいないからぜひ」

「えー、やっぱり宗教の勧誘なんじゃない？」

「本当に違います。お客さんがいないと幕が開かないんですよ」

必死でお願いしたら、「そうなの？　でも変ね～」と半信半疑ながらも来てくれました。初の手売り大成功！　ライブが終わった後、女性には「ありがとうございました！」と何度も感謝を伝えましたね。


さて、卒業が近づいてくると、集大成のライブが目白押しです。2月には、その年度の首席を決めるＮＳＣ最大規模のライブ「ＮＳＣ大ライブ」、3月の授業最終週は、『神保町花月』（現在は、神保町よしもと漫才劇場）で「ＬＩＶＥ ＷＥＥＫ《ライブウィーク》」と題した卒業公演が開催されます。

私は大ライブと、「ＬＩＶＥ ＷＥＥＫ」では5つのライブに参加しました。

大ライブの優勝は、金魚番長《きんぎょばんちょう》。入学当初からずっとトップを走っていたので、納得の結果です。

私自身は順位にまったく興味がなかったのですが、彼らの優勝は心の底からうれしくて、後ろのほうで控えめに手を振っていたら、MC（司会者）の南海《なんかい》キャンディーズ・山里亮太《やまさとりょうた》さんに見つかって。

「孫が優勝して喜んでいるみたいだね」

そんなふうにイジってくださった。後日、ラジオでも「NSCも変わったもんだ」と私の話をしてくださったらしく、それを仲間から聞いた時にはうれしかったです。

吉本興業に所属したはいいものの自分が芸人だと知ったのは3年後でした

卒業公演「ＬＩＶＥ ＷＥＥＫ」のファイナルライブが終われば、ついにＮＳＣも卒業です。

目の難病を抱えていた兄の通院・入院の付き添いや、夫の肺がん発覚などプライベートでもいろいろな試練がある中、老体に鞭打ちながら、なんとかカリキュラムを全うできたことに、感慨もひとしおでした。

さあ、次のステージではなにをしよう。そんな期待に胸を膨らませる私は、やはりこの時点でもまだ芸人になるつもりはありませんでした。いや、なれるはずがない、という気持ちが正しいですね。

「ＬＩＶＥ ＷＥＥＫ」中に、吉本興業への芸人登録や卒業後についての説明会はあったものの、スマホで何かの手続きをしなくてはいけないらしく、未《いま》だスマホを使いこなせていない私には難しい。

これ以上周りに迷惑をかけるのも申し訳ないから、お笑いはここでいったん卒業。当初の予定通り、以前お世話になった高齢者劇団に戻ろうか、あるいは自宅近くの高齢者劇団を探そうか。そんなふうに考えていました。

するといっこうに手続きしない私にしびれを切らしたのか、NSCの事務局の女性に声をかけられたんです。

「なんでおばあちゃんは手続きしないの？」

「いやいや、もうこれ以上は無理ですよ」

「なんで？」

「手続きするにも皆さんに迷惑をかけそうだし。ここまでしていただいて本当に感謝です。あとはぼちぼち、じいちゃんばあちゃんと遊んで暮らします」

「理由はそれだけ？」

「そうですよ」

「もう。スマホでの手続きなんて私たちが全部協力するから、とにかく所属だけはしなさい」

そんなふうに言ってくれました。さらに、そのこさんや周りの子たちも「おばあちゃん、こうやるんだよ」と教えてくれて。

じゃあ、とりあえず所属だけはしておくか。

それくらいの軽い気持ちでデビューしたので、3年目まで「自分は芸人だ」という意識はまったくありませんでした。


ようやく自分が芸人だと自覚したのは、渋谷にある『ヨシモト∞《むげんだい》ドーム』の控え室前に置かれた私専用の椅子に座っていた時のこと。

ピン芸人をしている同期の男の子が「おばあちゃん、なんか食べるもんある?」と、私の隣にやってきたんです。

大学在学中からNSCに入った20代の彼は、基本的に無口でマイペース。だけどなぜか私を見つけると擦り寄ってきて、いろいろと話しかけてくれるんです。あまりに懐いてくれるから、孫みたいにかわいくてね。

その彼に、「あんたさ、NSC卒業して、こういう生活を3年も続けててさ、お母さんは何も言わないの？」と聞いたんです。

すると彼は、「大丈夫だよ」とひと言。

「でもさ、これからのことも考えないと。あんた、芸人になるの？」

「おばあちゃん、何言ってんの？　おばあちゃんも俺も芸人だぜ」

えーっ！　彼の言葉を聞いた瞬間、衝撃を受けましたよ。

「私たち、芸人かい!?」

「そうだよ」

「じゃあ、売れない芸人かあ」

「うん、そんなところだ」

びっくりしましたねぇ。デビューして3年、ようやく自分は芸人なんだと知りました。

ところで、私はNSC時代につけた芸名をデビュー後もそのまま使っているわけですが、実は使えない可能性もありました。

というのも、吉本興業にはすでに「オバアチャン」という名の男性トリオが所属していたんです。NSCでも講師から「もう先輩が使ってる名前だから、卒業したら使えないよ」と言われていた。ただその時は、芸人になれるはずがないと思っていたので、「そうなんですね」と軽く聞き流していました。

ところが一転、吉本興業に所属することになって、さあ芸名をどうしようかと悩んでいたところ、オバアチャンが3月31日に解散なさった。おかげさまで、4月1日から私はそのまま「おばあちゃん」を名乗り続けることができました。

ただ、最近はおばあちゃんという芸名が少しややこしくなってきたんです。『神保町よしもと漫才劇場』の所属芸人になり、メディアに紹介していただく機会が多くなってから、芸人の「おばあちゃん」として声をかけてもらえることが出てきたためです。

先日も、自宅の近所ですれ違った方が、また戻ってきて私の顔を覗《のぞ》くんです。「すみません、おばあちゃんですか？」と聞かれたので、「まあ、（見たままで）おばあちゃんですけど？」と答えると。

「『激レアさんを連れてきた。』を観ました！」

2023年に私を取り上げてくださったテレビ朝日さんの番組名を挙げてくださった。

「今度、舞台を観に行きますね」

芸人としての私を知ってくださっていたうえ、そんなうれしい言葉までかけてもらえました。感激しましたねぇ。

一方、〝見てくれ〟で「おばあちゃん」と呼ばれることも当然ながらあります。目的地の駅名を書いた紙を見せながら、駅員さんに「すみません、ここへ行きたいんですが、どうやって行ったらいいですか？」と尋ねたんです。

　すると「ここはこうやって行ったほうがいいよ」と説明してくれた後、思い出したようにこう続けました。

「あ、そうだ、おばあちゃん。あそこはエレベーターがないから、荷物も多いし、こっちから行ったほうがいいよ」

　あらぁ、この駅員さん、私の芸名をよく知ってるなぁ。

　……って、よく考えたら違いますよね。顔が売れてきたのかしら、なんてうぬぼれてしまった自分に反省です。

第二章

おばあちゃん72歳
芸人デビュー

年だから　失敗しても　許される

恩師の山田ナビスコさんがいなければ芸人・おばあちゃんは存在しません

私がなんとか「芸人」を名乗ることができるようになったのは、構成作家の山田ナビスコさん（以下、山田さん）のおかげです。山田さんがいなければ今の私はいないと言っても過言ではありません。

山田さん（「先生」と呼ぶと怒るので、あえて「山田さん」と呼ばせてもらっています）と出会ったのは、ＮＳＣ。講師として「モノボケ」の授業を担当されていて、当時から何かと気にかけてくださいました。

とは言いつつも、実はしばらく、その心配りに私はまったく気がついていませんでした。

ある日、山田さんの教え子である先輩芸人が教えてくれました。

「山田さんはおばあちゃんのことをすごくかってるんだよね」

「どうして？」

「昔から年寄りは嫌いなはずなんだよ。だから、今までは年配の若手のネタを見ることなんてしなかったの。それなのに、おばあちゃんだけは面倒を見てるんだよな」

聞けば、山田さん曰《いわ》く「おばあちゃんは出しゃばらないところがいい」とのこと。高齢でNSCに入ってくる人は自己主張が強くて、何かあれば必ず「自分が」「自分が」と前に出るらしいんです。それが山田さんは苦手なよう。

確かに、私はどちらかというと隠れるタイプではありません。ライブの最後に出演者全員が舞台に出る際も、若い子たちを前に出して、私は後ろに控える。みんなに前へ出るよう言われた時だけはそうしますが。

私は自分の器を知っているつもりです。年を取っているだけの話で、それ以外には何もない。NSCに通ったのも舞台の勉強をしてみたかったから。誰が見ても70過ぎの人がこれから芸人になるなんて考えないですよね。

NSC在学中には、大喜利やモノボケをおこなう際にメンバーに入れてくださったり、山田さんのアシスタントをしていたバニラボックス（現在は、素敵じゃないか）さんの単独ライブで流すVTRに出演させてくださったり。

VTR出演に関しては、今思えば申し訳ないですが、事務所から撮影に行くよう連絡があったので行った、くらいの感覚です。

私はそういった情報に疎かったため知りませんでしたが、当時、VTRの出演者に誰が選ばれるのか生徒たちの間で結構ざわついていたらしいんです。そして撮影が終わってから、とん汁さんに「おばあちゃんが選ばれたんだよなぁ」としみじみ言われて初めて気がつきました。

卒業後も、山田さんがたずさわる舞台に出演させていただきました。

若手芸人たちがチームに分かれてゲームで対決するコーナーライブ「needs《ニーズ》」、まだ世に出ていないショートネタを若手からベテランまでが披露する「short《ショート》

show《ショー》!」、若手芸人たちが新ネタを披露する「JET《ジェット》-GIG《ギグ》」……。すべて山田さんが仕切っている舞台です。

舞台はただその日に出演するだけで終わり、ではありません。山田さんが本番前から本番後まで面倒を見てくださるのです。ネタライブの場合は、本番前にネタの添削、本番の確認、本番後に反省会と、毎回出演者全員と向き合ってくださいます。私もこの5年、多いときは月に3～4回、オチもツッコミもまるっきりわからないところから教えていただきました。

また、山田さんのライブでは若い人たちと一緒に舞台に立つことの喜びも知りました。もう楽しくて楽しくて。片道約2時間かけて通うのも全然苦じゃなかった。

そして、舞台だけでなく、FMサルースで毎週金曜17時から生放送されているラジオ番組『よしもと5じ6じラジオ』にも2カ月に1度くらいのペースで呼んでいただいています。

でも、パーソナリティっていろんな原稿を読まなくてはいけないじゃないですか。年寄りの私には小さな字は読みづらいし、カタカナも多くて理解が追いつかない。生放送だから怖いですよね。そのため、いつも山田さんが「この人だったら相性がいいだろう」という先輩と組ませてくださるんです。

その上、どんなに忙しくても必ず同席してくださって。心配なんでしょうね。

山田さんのさりげない気遣いに救われています

「おばあちゃんはウケなくてもいいんだよ」そんなアドバイスをもらうのは私だけ？

山田さんはシャイな一方で、ネタ作りへの思いは非常に熱い方です。

2023年6月に、私がデビュー5年目にして『神保町よしもと漫才劇場』の所属メンバーになれたのも、山田さんがしっかりとネタ作りに付き合ってくださったおかげ。

とてもお忙しい方なのにわざわざ時間を作ってくださり、感謝の気持ちでいっぱいです。

お互いの家がわりと近いので、中間のアクセスのいい駅で待ち合わせて、舞台で披露したネタにダメ出しやアドバイスをいただいたり、新ネタをチェックしていただいたり。山田さんの評価は常に的確です。

ネタって、紙の上で考えるのと実際に舞台でやるのとでは違うんですよね。ここは絶対にウケるだろうと思っていた所がウケなかったり、その逆もあったりする。また客層でもウケ方は変わります。

そのサジ加減を山田さんはきちんと分かっていらっしゃるんです。

にもかかわらず、決して若い子には言わないような言葉をかけてくださった。

「これは若者にはウケないね。でも構わない。笑われなくてもいいんだよ」

笑われてなんぼの世界なのに。ただ、NSC大阪校の講師である本多正識《ほんだまさのり》先生にも同じようなご指導を受けました。

「ウケなくてもいいから、周りを気にせず今のスタイルでやりなさい」

「笑ってもらおうと思って考えると、つまずくよ」

多くの芸人を育ててきた方々からすると、私は無理して笑わせようと考えないほうがよいみたいです。

だからネタ作りにおいても、自分の体験談をネタにするようにとアドバイスをいただきます。

たとえば、私は子供も孫もいないのですが、友人に聞いて面白かった話をアレンジしたネタを作ったことがあります。でも山田さんは「子供ネタはやめなさい」とぴしゃり。「実際には孫がいないのだから、ネタが深くならない」というのがその理由です。

またある時期は、女版・綾小路《あやのこうじ》きみまろさんになるのもいいんじゃないかと、毒舌漫談に舵を切ろうとしたところ、一発で見抜かれました。きみまろさんの名前を出したわけでも、そっくりそのまままねしたわけでもなく、少しだけエッセンスを入れただけなのに。

「おばあちゃんはおばあちゃんの形でやりなさい。きみまろさんをまねしたからといってウケるものではない。おばあちゃんがやると、いやらしさしか感じないよ」

はっきりとダメ出しされました。

以来、自分らしさを意識したネタを作るようにしました。

そうして生まれたのが、

チャイム鳴り　やっと出たのに　不在票

朝起きて家事がひと区切りすると、やれやれとソファに横になるんです。不意にチャイムが鳴って、玄関に行こうと立ち上がろうとするんですが、膝が悪くて時間がかかる。3歩進めばもう玄関にもかかわらず、すでに人はおらず、宅配便の不在票だけが残されていた。その時の情景を川柳にしました。

また、病院へ行くと「痩せなさい」が医者の口癖で。私くらいの年で膝の痛みを訴えたら「体重がかかってるからだよ」と手厳しい。でも、そんな先生のほうがずいぶん太っていたりするんです。そこで一句。

痩せなさい　先生かなり　太ってる

あるいは、先生に痩せろ痩せろと言われ、自分でも我慢しようとしているんだけど、やっぱり大福が好きでつい食べちゃうんです。その結果……。

医者怒る　体重計の　針笑う

とかね。

病院はしょっちゅう行っているので、ネタの宝庫なんです。

他にも、平日昼間のバスはいろんなネタが転がっています。乗っているのが高齢者ばかりなんですよね。

本数も少なくなっているから余計に、高齢者で満席になる。そうすると、高齢者同士で席を譲り合うんです。後から乗ってきた人が自分より年上かな？　と思ったら、「どうぞ」と席を立ちます。ヘルプマークを付けていたり、杖をついている人にも譲る。逆に、私より元気そうだなと思ったら知らん顔。

そのせめぎ合いが平日昼間のバスでは起こっているんです。

中には、譲られたほうも「私はあんたよりはちょっと若いんじゃないの？」って気持ちもあるわけですよね。

先日も、私と知らないおじいさんが乗ったら、ひとりの人が席を立ってくれたんです。さて、どちらが若いか。探り合いです。それも川柳にしました。

席ひとつ　どっちが若い　探り合い

同世代の皆さんには共感していただけるのではないでしょうか。

自分の年齢や体験を生かして私にしか言えない言葉を探していこう

ネタに川柳を取り入れるようになったのは、デビューしてから。山田さんからの提案です。

NSCでは山田さんは大喜利やモノボケの授業をしてくださっていたので、ネタについて具体的なアドバイスをいただくようになったのは卒業後なんです。

そしてデビューして1年が経った頃。

「おばあちゃんらしいネタをしたほうがいいんじゃない？　自分の体験を川柳にしてみたらどう？」

舞台で私のネタを何度か見る中で、そんなふうに言ってくださいました。山田さんの助言なら間違いないと、そこから川柳を勉強し始めたのです。

また、体験したことをネタに活かすべく、普段はメモ帳を持ち歩いて、何かいい言葉が頭に浮かんだら、その場で書くようにしています。あるいは電車に乗っていて面白い言動をしている人を見かけたらメモしておくんです。

メモ帳は持ち歩き用だけでなく、薬剤情報提供書の裏紙をホチキスで留めたものを作ってトイレなどいろんな場所に置いてあります。

そうして、「今日はネタを作ろう！」と思い立った時に、それぞれのメモ帳をチェックする。また、シルバー川柳の本などを参考にすることもありますね。

これまで、トータルで50本ほど作ったでしょうか。ただ、作り始めた当初は流行語を入れ込んだり世相を反映したりしていたので今は使えないものも多いんです。季節感いっぱいのネタもあるので、常に使えるのは20本あるかないか。

なので、今は時事や季節に左右されないネタを意識して作っています。

なかなか思い浮かばず、焦ってばかりですが、できた瞬間の達成感は計り知れません。特に、上五（上の句）～中七（中の句）の流れをカーンとひっくり返すような下五（下の句）ができると気持ちがいい。前に紹介した「チャイム鳴り　やっと出たのに　不在票」なんかはまさにそうですね。

最初は「チャイム鳴り　やっと出たのに　人がいず」だったんです。でも山田さんは「〝人がいず〟はただの結果で、オチにはなっていない」とあっさり却下。自宅で再考している時にふと不在票が目に入り、これだ！　とひらめきました。無事、山田さんからもＯＫが出て、舞台ですごくウケましたね。

このように、どの言葉を使うかによって笑いの量がまったく変わるので、常に悪戦苦闘しています。

できた川柳はすべて山田さんに一度見ていただきます。

山田さんはネタの良し悪しをズバッと指摘してくださる。ダメだと言われたものはやはりウケない。

時々、直しては見せるというやりとりが何度も続いた時に「とりあえず、一度舞台でやってみるか」と試してみることもあるのですが、その場合もウケません。

ちなみに、ネタの本題に入る前の〝つかみ〟も山田さんが一緒に試行錯誤してくださいました。

デビュー当初は、私が考案した「天国に行くのが先か、テレビに出るのが先か」みたいな内容だったのですが、コロナ禍により、不謹慎だから変えようとなった。

そうして山田さんのアドバイスで出てきたのが、「老人が病院と間違えて迷い込んだのではありません」というフレーズです。加えて、デビューからずっと「年齢は必ず入れなさい」と言われていたため、たとえば今なら「77歳の後期高齢者で、ヨボヨボのまだ芸歴5年目です」といった自己紹介を入れています。

この組み合わせでもお客さんには好評だったんですが、ある日、舞台に上がったらセンターマイクの位置が高かったんです。直し忘れちゃったのか前の出演者の高さのままだった。

さて困ったなと思ってマイクを持って下ろす時、咄嗟《とっさ》に「点滴ではありません」という言葉が出てきました。すると次の瞬間、ドカンとウケたんです。

それでこのセリフも使おうとなった。

「私が触れると点滴に見えますがマイクです。こんにちは、おばあちゃんです。老人が病院と間違えて迷い込んだのではございません。77歳、後期高齢者。でも芸歴まだ5年目のヨボヨボの若手ですが、今日はシルバー川柳でお話しします」

私にしか言えないつかみの完成です。若い人が点滴と言っても違和感がありますもんね。

だから、自分の年齢に合った言葉を探していくのが大切なのかなと最近は思っています。焦らず、無理なく。それもネタ作りには大事なポイントです。

いざ舞台に立つとネタを忘れてしまう
さぁ、困った！

本来の川柳は、五・七・五音の短い詩を読み手の皆さんがどう感じ取るかが醍醐味です。でも私のネタは、川柳ができあがるに至った過程をまず説明してしまいます。そして、「そこで一句」と最後に川柳で落とすスタイルです。

ただ、70を過ぎるともの忘れがひどくて。説明をしているうちに川柳がスポーンと抜けちゃうんですよね。

だったら、川柳は短冊に書いてしまおうか、となった。

最初は肩掛けバッグに入れて舞台に出ていたんですが、1回のネタで数句を披露するので、出したりしまったりするうちにバッグ内でぐちゃぐちゃになり、どれを言ったのか順番がわからなくなる。最初に取り出したのが2番目の川柳だったこともありました。

そこで、山田さんにアドバイスをいただき、ジャケットの内側の左右に短冊が入るサイズのポケットを自分でつけました。

左から取り出し、読んだら右に入れる。その流れを作れば、同じものを読む心配もありません。

ただ最近困っているのが、『神保町よしもと漫才劇場』の所属メンバーになって以降、指定されるネタ時間に「5分」が出てきたんです。

基本的に私のネタはひとつの川柳につき、1分弱。以前は最長で3分だったので、短冊は3枚あれば充分でしたが、5分だと5枚必要になる。

そうすると、ネタの最初と最後は短冊の重みでジャケットが片方にずれるんです。なので舞台に出ていく時は、ジャケットを手で押さえなければなりません。

それを見て、「もう5分考えなくていいよ」と山田さん。

「3分でもいいよ。おばあちゃんの場合、周りも気にしないから」

優しい言葉がありがたいですね。山田さんをはじめ、周りの芸人さん、お客さんの温かさにいつも救われています。

というのも、舞台でまともだったことが1回もないんですよ。100%完璧にできたという経験はゼロ。「今日はちょっと早口で言っちゃったなぁ」とか、「ここを飛ばしちゃったなぁ」とか、何かしら反省点がある。

デビューしたての頃は、舞台に上がった途端にネタを忘れるなんてしょっちゅうでしたし、神保町メンバーに選ばれて初めて5分ネタをした時にはこんなアクシデントがありました。

3分まではスイスイといっていたのに、4本目が何だったか頭が真っ白になって出てこないんです。

「いつもなら持ち時間が3分だからこれで終わるんだけど、5分となるとなかなか難しい。覚えていないんですよね。昨夜《ゆうべ》は早く寝ちゃったし、すみませんね」

そんなふうに咄嗟にアドリブを入れて、サッと袖に引っ込みました。それが非常にウケたので結果的に助かりましたが、あの時は焦りましたね。

他にも、「おばあちゃん」がスムーズに言えなくて「おば、おば、おば……」と3回くらい繰り返してしまったことも。次なんだっけ？……って、「おばあちゃん」が出てこないなんて、かかりつけ医に認知症の検査を勧められそうです。

当然、お客さんも苦笑い。「年を取るとこうなるんです～」とごまかしましたよ。えっ、ごまかせてない？　失礼しました！

最終的には、年寄りだから皆さん許してくださるんですよね。ありがたいです。


ただ誤解しないでいただきたいのは、ネタの練習はマメにしているんですよ。

まずは、次の舞台の持ち時間に応じて組み合わせるネタを考えます。

たとえば、持ち時間が3分あったとして、単純に3つのネタをつなげればいいわけではありません。パツンパツンと単発で終わらせるのではなく、流れを作らなくてはならない。それに、私の川柳は高齢者ネタが中心なので、「高齢者は」「高齢者は」「高齢者は」……と出だしが同じになりがちに。他にも言葉がダブっていることもよくありますので、その都度、修正が必要です。

5分ネタの時も、「3分でいいよ」と山田さんには言っていただきましたが、さすがに何もせず甘んじるのはプロ失格ではないかと申し訳が立ちません。ですから、短冊は3枚だったとしても、川柳前のシーン説明を膨らませるなどして、時間配分を工夫しています。まだ慣れないので、延ばし方に苦心してはいますが……。日々勉強です。

そして、どうにかこうにか流れができたところで、自分でレコーダーに録音。どのくらい時間がかかるか、そして流れはおかしくないかを確認します。

3分ネタの時は大体2分30秒くらいに収まるとちょうどいいんです。本番では短冊を出したりしまったりする時間が加わりますからね。

また、実際にしゃべってみることによって、医者シリーズで統一したほうがいい時と、まったく違う組み合わせにしたほうがいい時があるんです。その時の自分の体調にもよるのか、しっくり来る流れやネタ順も変わります。だから舞台の前日までネタを調整していますね。

基本の組み合わせを決めたら、山田さんに相談します。すると、「これとこれは入れ替えたほうがいいよ」「今回の流れでこのネタは弱いから、他の川柳にしたら？」など細かく指導してくださいます。

どうしてもインパクトのある川柳と、ふんわりとした弱い川柳があるので、それぞれの持っていき方も山田さんはかなり気を遣います。

さらに、舞台に立った後も「今日はどこが悪かったかな」と自分でチェックしますし、必ず山田さんが見てくださっているので感想・助言をいただきます。

このように事前確認と反省を繰り返し、昨日より今日、今日より明日と、自分なりに成長できたらいいなぁと願っています。

本番前には自分のネタを何度も確認します

私が舞台に立てるのは山田さんの指導があってこそ

初めていただいたギャラは仏壇の前に飾ってあります

私が初めてギャラをいただいたのは、ピン芸人のTEAM《チーム》近藤《こんどう》さんのライブ。いただいた時にはびっくりしました。

というのも、こちらも顔を売るために出演させてもらっているという感じなので、ノーギャラのつもりでした。

まさかお金をいただけるとは夢にも思わなかったのに、出演した若手芸人全員に近藤さんが「今日はありがとうね」と1000円ずつ配ってくださった。

お笑いの仕事で初めてお金をもらったのがうれしくて、フリーザーバッグに入れて仏壇の前に飾ってあります。大事な思い出は全部、そうして保管しているんです。

EXIT《イグジット》の兼近大樹《かねちかだいき》さんからいただいたチョコレートも仏壇前行き。賞味期限があるので中身は食べましたが、外袋を取ってあります。

渋谷の『ヨシモト∞ホール』でおこなわれる兼近さんのライブにゲストとして呼ばれた際に、勝手が分からず菓子折りを持参したんです。そうしたら、スタッフさんに「舞台で渡してください」と言われて。素直に指示に従ったところ、爆笑されました。

そして、「おばあちゃんはどうやって生活してんの？」と兼近さん。

「年金で細々と」

「年金生活なんだから、菓子折りなんて持ってこなくていいんだよ」

「いえいえ、お気になさらず」

そんなやりとりを舞台上でしていたら、ライブ後に兼近さんが私の元へ来てくださいました。

「おばあちゃん、生活は大変？」

「大変ですねぇ」

「じゃあ、これどうぞ」

そう言った兼近さんが手にしていたのは、ブラックサンダーが大量に入った北海道限定の大袋。その中のひとつをくれるのかと思ったら、袋ごとプレゼントしてくれたんです。なんて優しい人と感激しました。

うれしい贈り物は芸人さんからだけでなく、お客さんからいただいたこともあります。誰かのおっかけをやっている若い女の子なんですが、わざわざ私にお手紙を書いてくださって、折り鶴と一緒にプレゼントしてくれました。

また、私が舞台で大福が好きだと言ったのを覚えていて、あげたいと思ってくれたんでしょうね。でも買いに行った場所で売っていなかったらしく、きんつばとどら焼きを買って渡してくれた子もいます。

他にも、チョコや飴を小袋に入れてお手紙付きでくれたり……。特に渋谷の劇場ではこういった出来事が結構あります。

たとえついでだったとしても、おばあちゃんにもあげようと思ってくれる気持ちがうれしいですよね。

もちろん、お菓子の入っていた袋や手紙も全部、フリーザーバッグに入れて仏壇前に並べてあります。

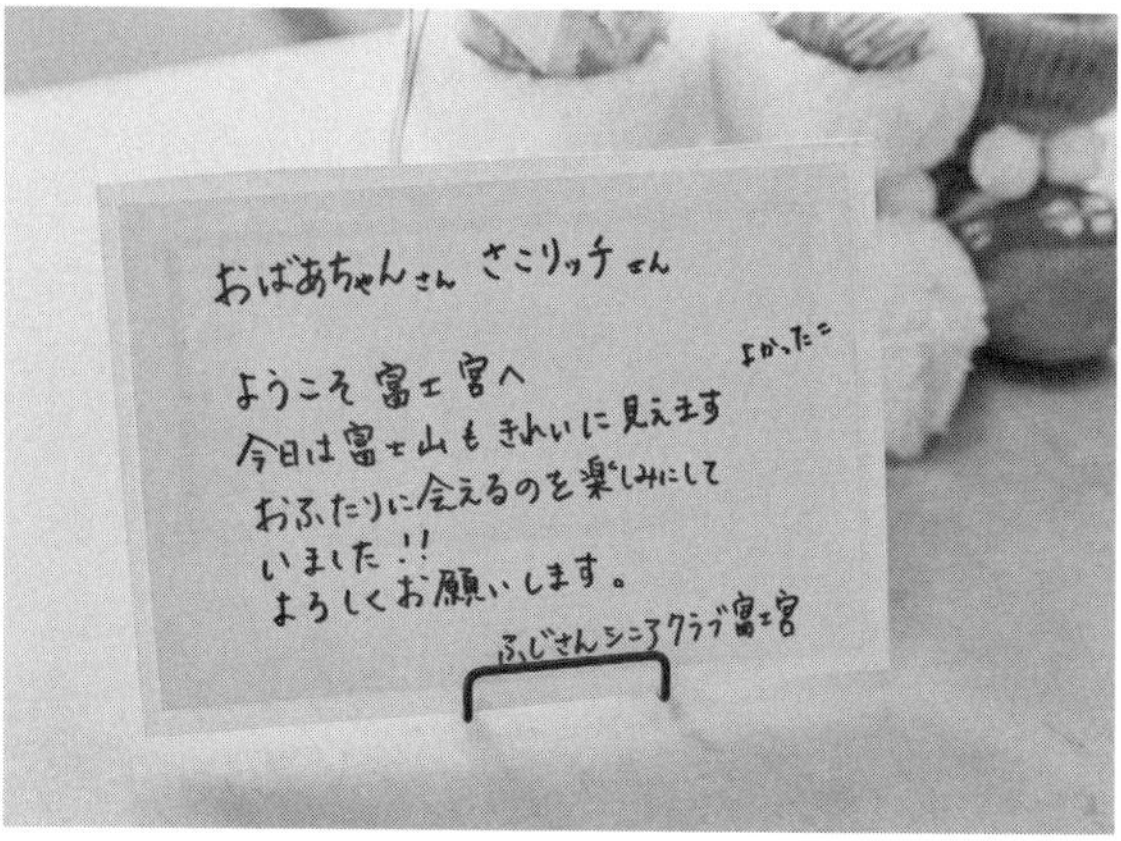
おばあちゃんさん　さこリッチちゃん
ようこそ 富士宮へ
よかった
今日は富士山も きれいに見えます
おふたりに会えるのを楽しみにして
いました!!
よろしくお願いします。
ふじさんシニアクラブ富士宮

営業先からいただいたカードもお持ち帰り

オーディションとはつゆ知らず若い子とバチバチ？　何を？

『神保町よしもと漫才劇場』では、2カ月に1度、劇場所属をかけた入れ替え戦がおこなわれています。

芸人は劇場所属メンバーとオーディションメンバーに分けられ、オーディションメンバーはまず、渋谷にある『ヨシモト∞ドーム』でおこなわれるオーディションライブに出場。2回勝ち上がると、『神保町よしもと漫才劇場』でのネタバトルライブ「サバイバルバトル」に出場し、劇場に所属する約60組のうちの下位メンバーと戦います。そこでランキング上位になると、晴れて所属メンバーへ昇格できるというシステムです。

ちなみに、いつも楽屋で優しく接してくださるぼる塾さんやエルフさん、ヨネダ

2000さんなど、人気も実力も兼ね備えた方たちはランキング上位にいるメンバー。

だから、若手芸人にとって所属メンバーになるのは大きなチャンスです。にもかかわらず、私はそれがオーディションだと理解しないまま、毎回参加していました。てっきり普通の舞台だと思っていたんです。

山田さんから「おばあちゃんは自分のペースでやりなさい。若いもんとバチバチする必要はないよ。とにかく楽しんでやるのが一番だよ」とアドバイスをされるものの、「若い子とバチバチ？　何を？」という状態でした。

そんな中での2023年5月。呑気にいつも通りネタをやっていたら、1回目のオーディションライブで勝ち上がっていました。

しかもそれを知ったのは発表翌日でした。というのも、いつも私は家が遠いので自分の出番が終わるとすぐに帰ってしまうんです。

今回もオーディションだと理解していなかったので、当日の発表を確認せずに帰宅。翌日の舞台に行ったところ、男の子に声をかけられました。

「おばあちゃん、おめでとう！」

「何がおめでとうなの？」

「ライブに受かったんだよ」

「それ、何？」

「おばあちゃん、マジかよ……」

呆《あき》れられました。

所属メンバーの入れ替えシステムが始まって2年も経って、ようやく把握するなんて、自分の抜け加減が恥ずかしいです。

とはいえ、1回目のネタバトルで勝てたのはまぐれだろう。きっと次で落ちるはず。そう思っていたのに、再びまぐれが続き、気づけば6月のサバイバルバトル当日を迎えていました。

ですが、緊張感はゼロ。さすがに所属メンバーに選ばれるわけがないと思っていましたから。

普段と変わらない感じでネタを終え、さっさと帰ろうと荷物をまとめていたら、周りに人が集まってきた。

「おばあちゃん、おめでとう！」

口々に祝福してくれるんです。

「嘘でしょ!?」

何かのドッキリかと疑いました。


合格したことは純粋にうれしい。その一方で、そんな器でもないのに受かっていいのだろうか……という思いもありました。

年寄りの若手芸人が珍しいだけで、中身はないじゃないですか。なんとなく罪悪感を覚えるんです。若い子たちはみんな頑張っているのに、年齢だけでこんなふうに目立ってしまっていいのかなぁと、チラッと考えることもあります。

でも私が悩んでいると、山田さんがいつも「そんなこと考えんな。おばあちゃんは自分のペースで楽しみなさい」と励ましてくださいます。だから伸び伸びとやるしかないな、となるべく開き直るようにしています。

若い子たちのサプライズにうれし涙が止まりませんでした

初めて所属メンバーに選ばれた時には、周りの芸人さんたちとの実力差に愕然《がくぜん》としました。特に、常にランキング上位にいる方たちのネタはすごく面白い。固定客もしっかりついていて、ライブをやれば満席になる。私とは大違いです。かといって、卑屈にはなりません。私が伸びるよりも、若い子が伸びるほうが将来性があるじゃないですか。彼ら・彼女らが活躍している姿を見るのが心の底からうれしいんです。だから、テレビに出ると聞きつければ必ず録画して観ます。

中でも大好きなのが、先輩コンビの素敵じゃないかさん。NSCの時からお世話になっているということはもちろんありますが、何より彼らの芸風が好きなんです。しゃべくりで勝負しているのがかっこいい。これからもっと伸びていってほしいし、売れていくことを期待しています。

お世話になっている先輩といえば、ピン芸人のイチキップリンさんも大好きなひとり。『よしもと5じ6じラジオ』でよく共演していて、いつも優しくフォローしてくださいます。

イチキップリンさんはものまねが得意で、有名人の顔まねをSNSに投稿しているんです。似ていないようで、よく見ると特徴を絶妙に捉えていて面白い。

ラジオで共演する際には、森進一さんなど私世代でも分かる方のものまねを教えてくれます。「おばあちゃんもやってみな」と言われるので挑戦してみるんですが、なかなか難しい。ほんと、彼といると笑いが絶えません。

そして、絶対に忘れてはならないのが、こちらもピン芸人のあいすけさん。学生時代に柔道をしていて、オリンピックを目指すほど強かったそうです。

そんな彼女は大らかな女性で、誰に対しても平等。40歳も年上の後輩の面倒をよく見てくださいます。

2022年の敬老の日のことです。その日の舞台で一緒になり、「おばあちゃん、今日は何か用事がある?」と声をかけてくれました。

予定はないと伝えると、「今日は敬老の日だから、ご飯に連れていくよ」とデパートのレストランで高級中華をご馳走してくださったんです。

そして今度は2023年の敬老の日に、あいすけさんが音頭を取って、その日の舞台で一緒だった30人ほどの子たちと一緒にサプライズで花束をプレゼントしてくれた。あまりにうれしくて、涙が止まりませんでした。

さらにその日は、あいすけさんのお母さまがお赤飯を炊いて届けてくださった。あいすけさんのお母さんは、あいすけさんが出演する日は毎回、みんなに手作りおにぎりを持ってきてくれるんです。いつも50個くらいあるので、相当朝早くに起きて握ってくれているんじゃないでしょうか。

鮭や梅干し、おかかなど、いろんな具がたくさん入っていて、しかも美味しい。プロレベルで、お母さまのおにぎりを食べたら他は食べられなくなるほど。食べる時に海苔《のり》とご飯が初めて合わさるようにラップが巻いてあるのもさすがの気遣いです。

だから若い子たちはおにぎりが食べたくて、朝ご飯を抜いて劇場に来ています。

渋谷はビルの地下1階に『ヨシモト∞ホール』、7階に『ヨシモト∞ドーム』があるのですが、どちらにも持っていっているそうで、まさにみんなのお母さん的存在。そんな女性に育てられたから、あいすけさんも素敵な女性になったんだなとよく分かります。

敬老の日にみんなで集合写真をパチリ。感無量です

喜んでくれる人がいる限り今日も劇場でおせんべいを配ります

劇場での私は、ずばり〝おせんべい配りおばあちゃん〟。

もともと冬はチョコや飴を配っていたんですが、夏だと溶けちゃうからおせんべいにしたんです。そうしたら、おせんべいのほうがいいと言われたので、以来、おせんべい専門です。夕方くらいに小腹が満たされてちょうどいいんですよね。

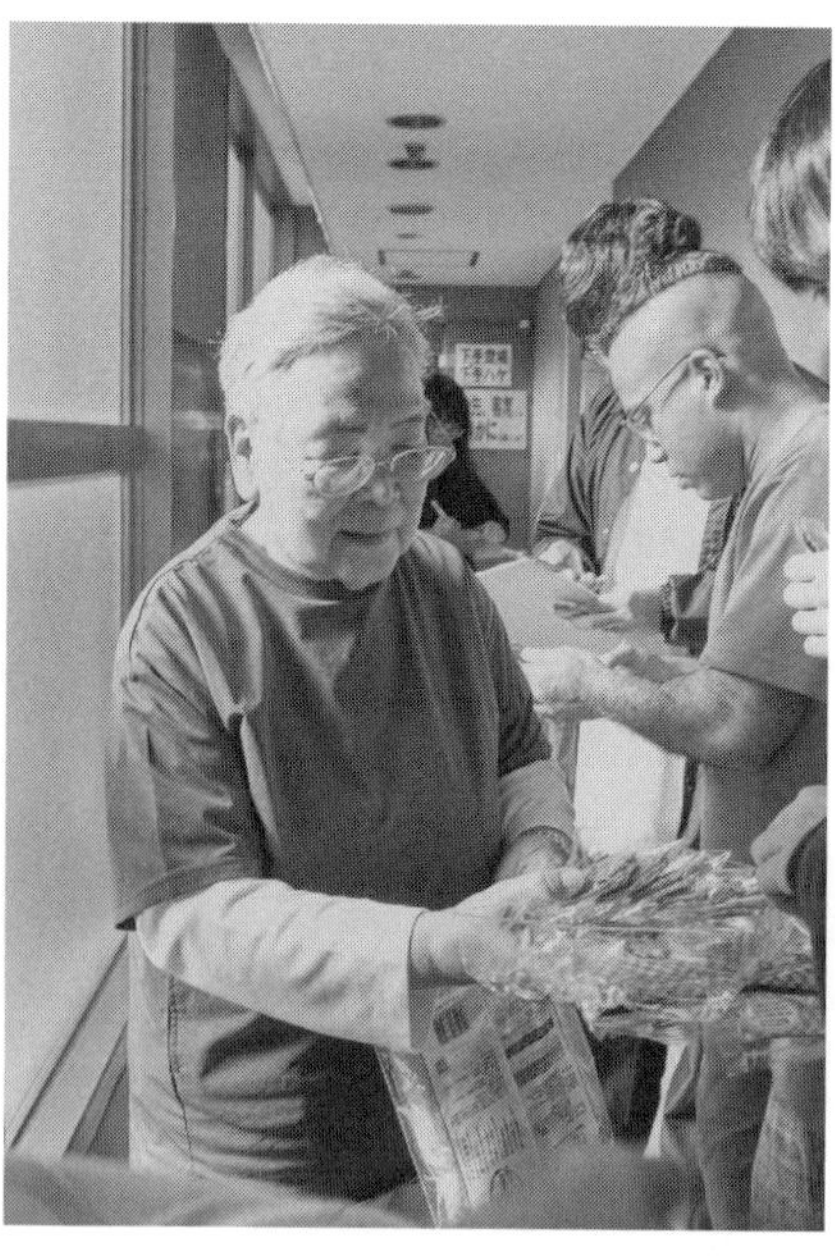

「今日は醤油味だよ。割れてるのもあるけどごめんね～」

サンタモニカのマイムさんに。おせんべいが心の距離を縮めてくれます

控え室のテーブルの上にお菓子を置いておけば、ある程度先輩になると「ご馳走になるね～」と自由に取ってくれますが、入ってきたばかりの子たちはなかなか手を出せません。だから、私が袋を片手に回って勧めています。

NSC時代もリュックサックにいろんなお菓子をパンパンに詰めて学校へ行き、同期の子たちに配って回ったものです。

最初は見栄を張って菓子折りを持っていっていたけれど、劇場へ行くたびに買うと金銭的に回らない。だから、一袋数百円の大袋に変えました。それでも喜んでくれるので、配る私もうれしくなります。

遡れば、会社員時代から同僚たちにお菓子を配っていましたね。私のデスクの引き出し2つには必ずたくさんのお菓子やインスタントコーヒーが入っていて、若い人たちには「食糧倉庫」と呼ばれていたほど。

その名残が今でも残っているわけです。だから私が劇場でおせんべいを渡す姿をテレビで観た元同僚に「相変わらずやってんだね」と笑われました。

私自身、戦後の物のない時代に生まれているので他人様《ひとさま》から何かをいただくのがものすごくうれしかったんです。だから、ひとりでも喜んでもらえる限りは配り続けたいですね。

ちなみに、渋谷の『ヨシモト∞ドーム』は若手には控え室がなく、廊下で待機。冬は寒く、夏は暑い中でみんな着替えたりしています。そこに、「倒れたら困るから」という理由で私に席を設けてくださっていて、椅子に座っていると女の子たちが集まってくる。そして、おせんべいを食べながら他愛のないおしゃべりに花を咲かせます。

素敵なネイルを見て「その爪でどうやってご飯の支度をするの？」と聞いたり、今流行っているファッションを教えてもらったり……。

そんな私たちの姿を見て、男の子に「女子会かよ」と茶化されることもありますが、時には身の上相談をされることも。大した助言はできないけれど、聞いてあげることはできますからね。私の耳で良ければいくらでも貸します。

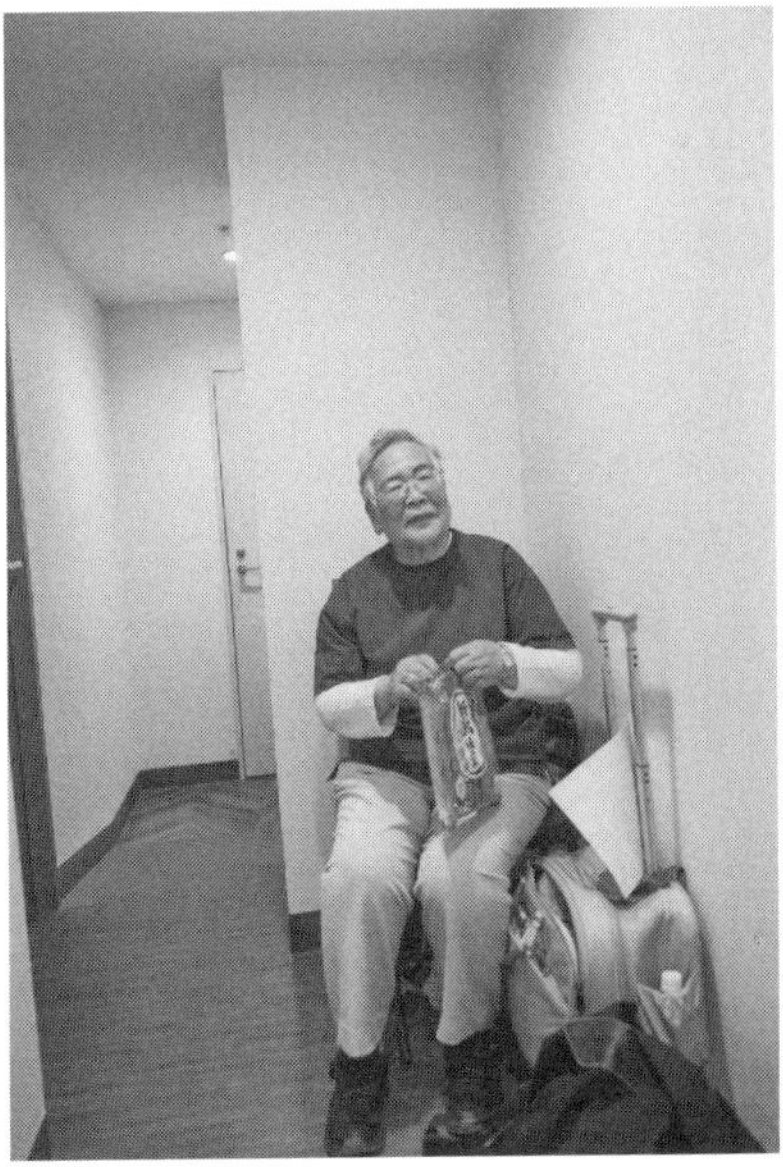

ヨシモト∞ドームには私専用の椅子があります

ライブの合間に女子トーク＆記念撮影

また、私がおせんべいを配る理由はもうひとつあります。

私は先輩として後輩を飲みに連れていくことができません。でも、劇場ではいろいろとお世話になるので、せめてものお礼に何かしたい。心ばかりとしてのおせんべいです。

ただね、飲みには行けないけれど、皆さんがカラオケに誘ってくれたりするんですよ。

一緒に行くメンバーは20代の若い子がほとんどなので、私には馴染みのない歌ばかり。それでも、聴いているだけで楽しいです。

逆も然りで、私が歌う曲は若い子たちはほとんど知らないけれど、手拍子を入れて盛り上げてくれる。ありがたいですね。

一方、先輩がご馳走してくださることもあります。

先日も、午前と午後に劇場の出番があり、間が5時間空いた時、午前に一緒だった女の子が「おばあちゃん、ご飯食べに行く？」と誘ってくれたんです。

スロッピというコンビのななえさん。その時点では先輩なのか後輩なのか分からなかったんですが、「行きたいです！」と即答しました。

そして近所のお店へ行ったら、偶然、ななえさんの相方・松間雄亮《まつおかゆうすけ》さんと、キンボシというコンビの西田淳裕《にしだあつひろ》さんに会ったんです。

私たちの姿を見た松間さんが「俺、先輩だからおごるよ。おばあちゃん、何を食べてもいいよ」と言ってくださった。せっかくなので、鶏《とり》の炙《あぶ》り焼き定食をご馳走になりました。

ただ、会計の時にお金が足りなかったようで、ななえさんに「お前、1000円出せよ」なんて請求していたのには笑ってしまいましたが。

松間さん、その節はごちそうさまでした！

シンデレラガールならぬシンデレラおばあちゃんです

所属メンバーになる前と後では、一気に周りの見る目が変わりました。最高齢の所属メンバーが誕生したと吉本興業でPRしてくださったようで、翌日からスケジュール確認のメールがバンバンやって来る。

実はサバイバルバトルの翌日は、主人と、NSCの卒業ライブにも来てくれた幼馴染みの友人2人と、4人で温泉に行っていたんです。

お笑いのことは頭の片隅に追いやってのんびりしていたところに次々と吉本興業からメールが来るから戸惑いましたよ。

主人と「いったい何が起きてるんだろうねぇ」なんて話していたら、「多分、芸人の仕事が入ってきてんじゃない？　もしかしたら、いろんなところで取り上げられるかもしれないよ」と友人。

　その予言は的中しました。

　なんと新聞や雑誌、テレビなど、十数社の媒体から取材を受ける事態に。最初に取材をしてくださったのが『週刊文春』で、しかも大きく扱ってくださった。週刊文春といえば、悪いことをした時に載るイメージがあったので、取材依頼があると聞いた時にはドキッとしましたねぇ。

　主人には「お前、何かやったのか？」なんて疑われたりして。でも発売されたら近所の本屋さんを何軒か回って10冊くらい買ってきた。私が出ているページを見ながら「お母さん、これは何事だろう。芸能人でもこんないっぱい紹介されねえよ」とニヤニヤしていました。

　女性のヌード写真も掲載されている男性週刊誌の取材もありました。

「お前、裸になるのか？　お前がなったって何の得にもならないよ」

「そうだよね～」

そんな会話を主人と交わしたものです。

おかげさまで6月はほとんど休みがありませんでした。

シンデレラガールならぬ、シンデレラばあさんです。

ありがたいことですが、私としては恐縮するばかり。最高齢だから取り上げてもらえたのであって、自慢できるような芸は何もない。とにかくずっと、息を止めないで生きてきただけの人間ですから。決して調子に乗ってはいけないと自戒しています。


〝おばあちゃんだから〟いただけた仕事は他にもたくさんあります。

ケンドーコバヤシさんが出演する番組でお母さん役として声だけの出演に始まり、警視庁特殊詐欺被害防止広報イベントのゲスト、スマホのブロック機能を紹介するCMへの出演、テレビ通販番組のモニター体験者……。

初めての営業も、高齢芸人ならではの場所でした。

余談ですが、マネージャーさんから「おばあちゃん、営業に行きますか？」と連絡があった時、まさか営業がイベントなどに出向いてネタをする仕事だとは思いもよらず、「何を売るんですか？」ととぼけた返答をしてしまいました。会社勤めをしていたので、つい。「いや、何も売らないのよ」と笑われたものです。

そんな私を初営業に呼んでくださったのは、葬儀場。

エンディングノートの書き方を教える高齢者向けのセミナーを開催するとのことでした。

現場へ赴くと、現職のお坊さんでもあるコンビ・観音日和さんもいらした。彼らは袈裟《けさ》を着ていて、今にも葬儀が始まりそうな感じ。他事務所の方ながら、私が出演したYouTubeを見てくれていたようで、会話が弾みました。

ただ、当日は3分くらいのネタを用意しておいてくださいとは言われていたのですが、その後に30分ほどトークをしなければならないとは知らず……。

葬儀場でおこなわれた寄席に出演!

「えっ⁉　私がトークをするんですか？」

思わず確認しました。とはいえ、断る選択肢はありません。ええい、ままよと覚悟を決めて椅子に座りました。

「何か質問はありますか？」と問いかけると、やはり皆さん「なぜ芸人になったのか」が知りたいようです。

そんなふうに聞かれた質問に答えるやりとりを何度か繰り返しているうちに、気づけば終了時間に。あっという間に感じるほど、愉快なひとときでした。

初めての営業は勝手が分からず手探りでしたが、日を置かず2度目の依頼が来たので、どうやら好評だったよう。ほっとしましたね。

また、若手芸人ではなかなかお目にかかるのが難しい芸能界の大先輩たちにお会いすることもできました。

所属メンバーになってすぐ、パンサーの向井《むかい》慧《さとし》さんのラジオに2回も呼んでいただいたほか、なべおさみさんから指名いただき、ご自宅に伺って一緒に

YouTube撮影もしました。我が家がいくつくらい入るんだろうというくらい豪邸で、びっくりしましたね。

それから、千原《ちはら》ジュニアさんのYouTubeチャンネルにも出演させていただきました。エルフのはるさんから私の話を聞き、興味を持ってくださったようです。

その日は仕事が2本、千原ジュニアさんのYouTubeの撮影後にラジオの仕事が入っていたこともあり、少し焦っていました。でも、ジュニアさんが現れて「いやぁ、おばあちゃん、会いたかったです」と言われた途端、それまでの不安が一気に吹き飛んだ。

すごくオーラのある方で、大先輩なのに丁寧に接してくださり楽しかったです。

ただ、ジュニアさんのYouTubeチャンネルに出ることがどんなにすごいことなのか、私はいまいち理解していなかった。

公開された後に若手芸人に言われたんです。

「おばあちゃん。ジュニアさんのチャンネルに出てたね。いいよなぁ。嫉妬しちゃ

【ジュニアが話してみたい若手芸人】今メディア大注目の芸歴5年・76歳の若手芸人が20代の芸人よりも爆笑をとる理由とは？

千原ジュニアさんと対談できたのも“おばあちゃん”だから

うよ」

「なんで？」

「芸人にとって憧れだからだよ。みんな出たくてしょうがないの」

「そうなの？」

とぼけているわけじゃないんです。いまだに芸能界のことがよく分かっていなくて、そう答えると、

「もう、いい加減にしろよ〜」

神保町よしもと漫才劇場の所属メンバーに選ばれた時と同じように呆れられました。

確かによく考えれば、これまでテレビで観ていた人と実際に会ってお話しでき

るなんて貴重な経験もいいとこ。今さら幸せを噛みしめています。

年を取っているというだけで、こんなふうに注目していただき、正直なところ、うれしさよりも恥ずかしさのほうが勝っています。でも、所属メンバーになって以来、今までの人生で味わえなかったことばかり体験できて、芸人になってよかったなあとしみじみ思います。

「医者とおばあちゃん」コンビでM－1グランプリの3回戦へ

私はデビューしてからずっとピン芸人ですが、2022年と2023年の『M1グランプリ』に出場しています。

相方は、現役のお医者さんでもある、しゅんしゅんクリニックPさん（以下、しゅんPさん）です。

しゅんPさんと初めて出会ったのは、2022年9月。M－1のエントリー締切直前でした。

私は『ヨシモト∞ドーム』の控え室前の廊下で『short show！』の出番を待っていて、しゅんPさんはまた別の舞台に出演予定で、控え室の中にいらっしゃったんです。

部屋から出てきて、椅子に座っている私に「おばあちゃんですか？」と声をかけてくださった。

「一緒に写真撮ってもいいですか？」と聞かれて「いいですよ」とOKした時、なぜか私は無意識に手首を上に向けたんです。するとしゅんPさんも職業病なのか、私の手首に自分の手を添えて脈を測り始めた。

その瞬間を撮影した画像をしゅんPさんがSNSに上げたところ、どうやら〝バズった〟（注目を集めること）そう。それでしゅんPさんは、このふたりで漫才をするのはありかもと感じたみたいで、「とりあえずやってみようか」と即席コンビを結成しました。


すんなりコンビ結成できたのは、山田さんの後押しも大きかった。

しゅんPさんも山田さんの教え子で、デビューしてからもネタのアドバイスをしていただいたらしいんです。そんなコンビそれぞれをよく知る山田さんが初対面の場にちょうどいて、「ちょっと組んでみたら？　ふたりで日本一周できるぞ」なんて言ってくださったら、その気になっちゃいますよね。

結果、ギリギリではありましたがM－1のエントリーにも無事間に合い、出場することになりました。

コンビ名は、「医者とおばあちゃん」。見たままです。


1回戦まで1週間しかない中、急いでしゅんPさんがネタを考えてくださり、私に送られてきたのが本番前日。ふたりでネタ合わせできたのは当日、という驚きの速さで物事が進み、何が何だか分からないうちに1回戦が終了しました。

残念ながら2回戦で敗退しましたが、しゅんPさんは手応えを感じたよう。以降、2カ月に1度開催している単独ライブに私をゲスト出演させてくださるようになりました。

さらに、2023年には「医者とおばあちゃん」の初単独ライブ「訪問診療」を開催したんです！

ネタやクイズ、トークなどをみっちり1時間。客席にはしゅんPさんの若いファン層と、私の友達の高齢者たちが入り混じり、世代を超えた笑い声が響く楽しい時間となりました。

私たちのネタは、コンビ名が表す通り、医者と高齢者の診察あるあるがふんだんに盛り込まれています。

私が病院へ行って感じたことをペラペラと話し、それをしゅんPさんがネタにまとめてくれるんです。そして貸し会議室でネタ合わせをするのが、いつものパターン。ネタ自体が医者と患者のリアルな会話なので、わりと自然に演じられます。

ただ、最後の「このクソ医者め！」という台詞《せりふ》に慣れるのには時間がかかりました。本物のお医者さんにそんな捨て台詞を吐いたことはありませんから、何度も噛んだものです。今ではすっかり慣れてしまったので、本当の診察で口走らないようにしないと……。

こうしてコンビで活動する機会が増え、2023年は『キングオブコント』にもエントリーし、2回戦で敗退。M－1はなんと2回戦を突破し、3回戦まで進むことができました。

ひとりで参加した『女芸人Ｎｏ．1決定戦ＴＨＥ Ｗ』『Ｒ－1グランプリ』は毎回1回戦落ちですので、賞レースで次に駒を進めるというううれしい経験ができたのは完全にしゅんＰさんのおかげです。

しゅんＰさんといると、構えないで済むんですよね。ネタを忘れてもフォローしてくれるので、リラックスして舞台に立てます。

また、いろんな意味で安心感もある。

「倒れたら救急車まで連れていくからね」

そんなふうに言ってくださるのでありがたいです。

ふたりの単独ライブをした時も、95歳の友達が観に来たのを知って、「何かあれば僕が責任を持ちます。本物の医者ですから」と舞台上から声をかけてくださいました。

しゅんPさんはとにかく優しいし、大好きで尊敬しています。

M－1の3回戦で敗退した時には「ごめんね」と謝られたけれど、「こちらのほうこそごめんなさい」なんです。正直、落ちたのは私が足を引っ張ったせいだと反省しています。忙しい毎日が続いていたこともあり、動きに疲れが出てしまった。

1回戦ではその日の3位に入っていたので、私がもうちょっとちゃんとしていれば、3回戦も突破できたんじゃないかという後悔が残っています。もしも次があるなら、体調も万全に臨んで、もっと上に行けるように頑張りたいですね。

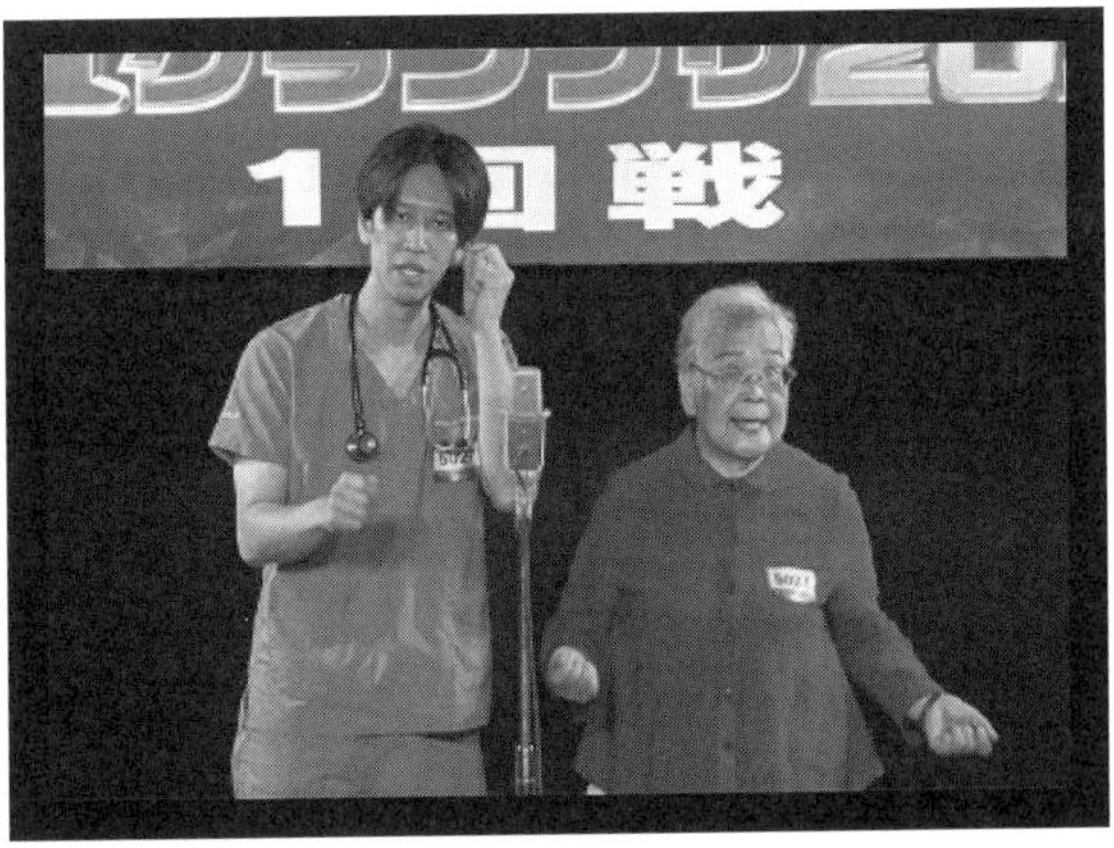

画像提供／ABCテレビ　M－1グランプリ2023

おばあちゃんのお仕事スタイル

何があってもいいように荷物は一式持っていきます

何が起きても困らないようにと仕事道具以外の荷物もたくさん持ち歩くため、キャリーケースを使ってます。物が多いぶん、服装は身軽に。暖かくて軽いコートと、膝に負担が少ない専用のウォーキングシューズは手放せません。

手作りの揚げせんべい

時間があったので自家製の小粒せんべいを作ってきました。ぼる塾やエルフの皆さんも「美味しい」と喜んでくれて、作った甲斐がありました!

カバン半分を占めるおせんべい

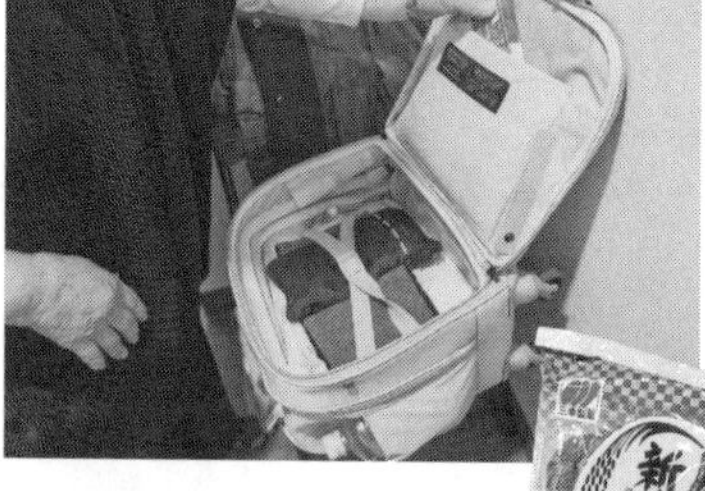

まとめ買いをしておき、たくさん配る日は5 ～ 6袋持っていきます。一番喜ばれるのは三幸製菓の「新潟仕込み 香ばし醤油味」です。

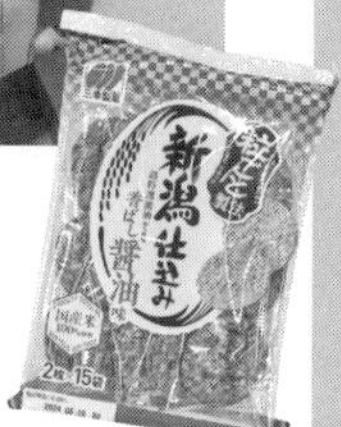

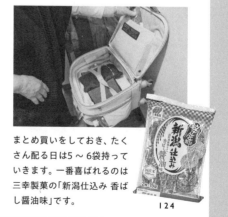

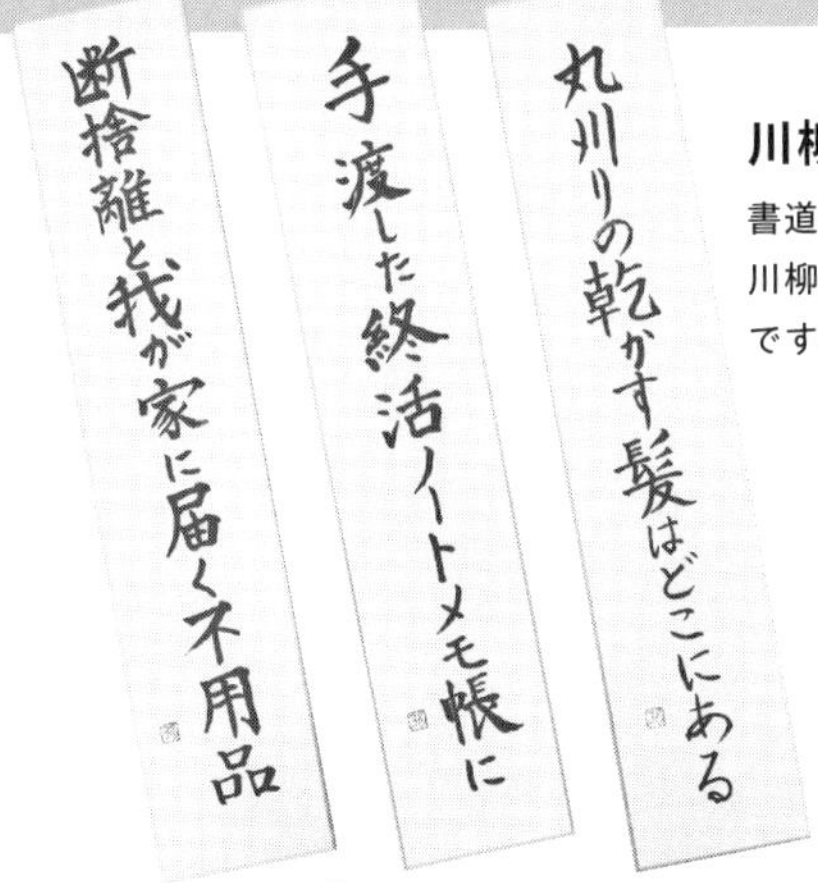
丸刈りの乾かす髪はどこにある
手渡した終活ノートメモ帳に
断捨離と我が家に届く不用品

川柳の短冊は丁寧にくるんで

書道の先生にご指導いただきながら書いた川柳。大事な商売道具を雑に扱うのは厳禁です!

衣装の赤いジャケット

内ポケットに短冊を入れることになってから探しに探してようやく見つけた、短冊の重みに負けない1点もの! 汚れないように、巾着袋に入れて持ち運んでいます。

物が見つけやすい
ビニールポーチ

筆記用具をはじめ、こまごましたものは全部このポーチに。透明だから見つけやすいんです。軽くておすすめです。

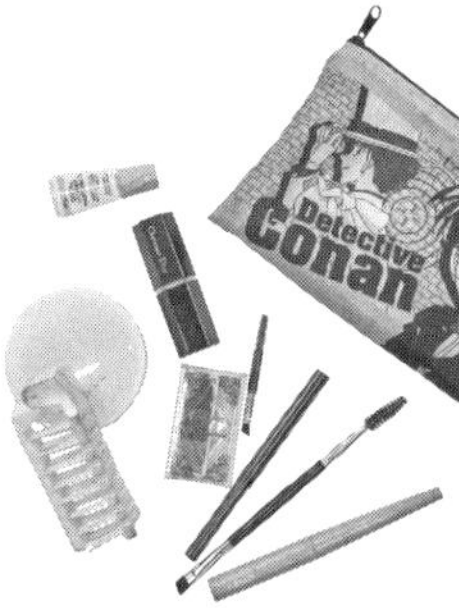
Detective
Conan

メイク道具は
もらいものばっかり!

メイクは口紅をするくらい。会社員時代にもらった海外土産を今も使っています。最近は、令和ロマンさんのYouTubeで眉毛の描き方を教えてもらったので眉パウダーも愛用中。

お仕事に行く時、気をつけていること

✓ 必ず前日に明日の確認をする

この年になると物忘れがひどいんです。仕事の予定が入った時にひととおり説明を聞いて、メモを取って、しっかり準備もするんですけど、念には念を入れて「前日にも確認させてください」とお願いしています。快諾してくださるので、その優しさに甘えています。

✓ ネットで検索した出発時間より1、2時間前に家を出る

ネットで検索した通りに向かえば目的地まで着きますが、私は歩くのも遅いし、階段ではなくエレベーターを使いますし、途中でトイレに寄ることもあり、とても最速ルートでは行けません。だから集合場所と時間が分かったら、かなり余裕を持って出発しています。

✓ 人に聞く時は、(写真や紙を)「見せて聞く」

誰かに教えてもらおうとしても質問内容がパッと出てこないことがしょっちゅう。そのため、道案内をお願いしたい時には行き先が書かれた紙を見せながら。芸人さんの名前もなかなか覚えられないので、こっそり写真を見せて「この方のお名前は?」と聞いています。

✓ 着いたらトイレの場所を確認

トイレが近いので、これは本当に大事!　初めての場所に来たら、まずはトイレを探します。最近は周りの方も「おばあちゃん、トイレ行っとく?」と気遣ってくださり、ありがたいです。

✓ なんでも書いて控えておく

スケジュール帳には仕事の予定はもちろん、通院や習い事、プライベートの集まりまで、すべてを細かく記録。仕事の反省や疑問点は別のファイルにまとめています。また、芸人になる前から学歴やいつ病気したのかなど自分のために細かい年表を作っていたのですが、これが取材の時に大活躍でした!

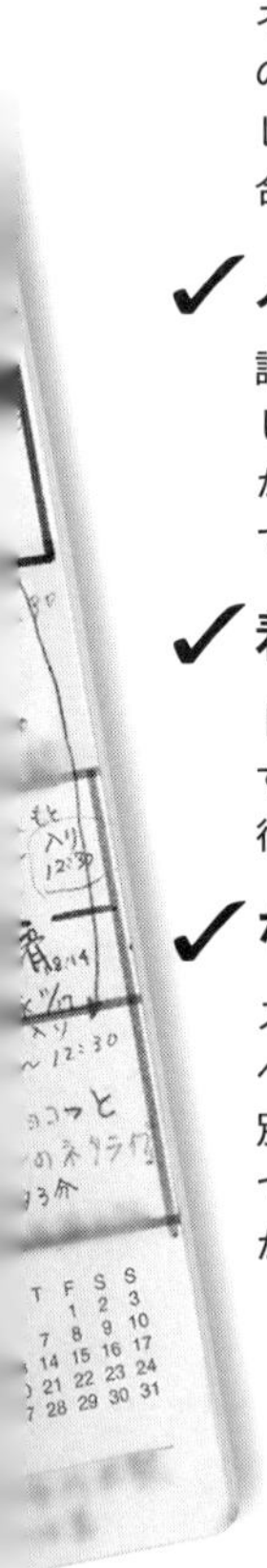

いいなと思ったら記念撮影!

この仕事をしていると、普段なかなか行けない場所にも足を運びます。そこできれいな景色に出会ったら、つい撮りたくなるんです。仕事先でのちょっとした楽しみですね。

取材を受ける時には年表をチェック

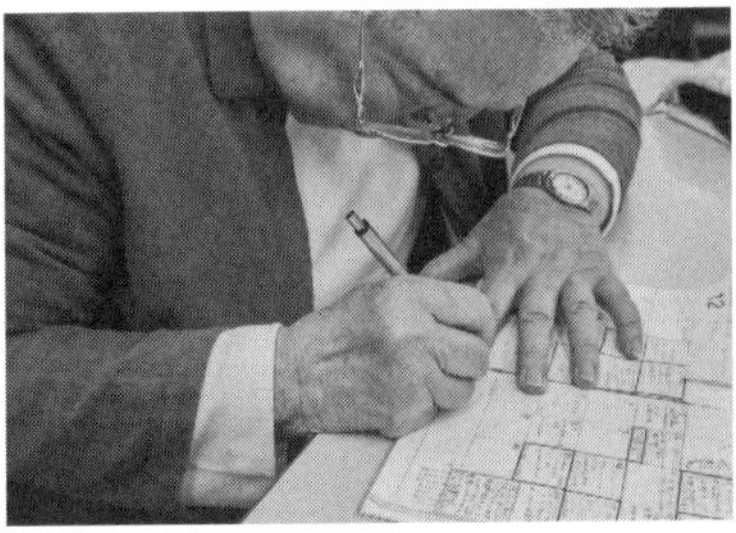

聞いても聞かれてもいいように
記録しておきます

**おかげさまで
スケジュールは
びっしりに!**

第三章

おばあちゃん0～77歳
これまでの人生

人生は笑って 泣いて 繰り返す

子供の頃のあだ名は「お母さん」当時からおせっかいでした

振り返ってみると、やりたいと思ったことはあきらめず、チャレンジしてきた人生でした。それは、やりたいことができなかった子供時代があったからかもしれません。

戦後の第一次ベビーブームの真っただ中の、1947（昭和22）年2月12日、東京・国分寺で私は生まれました。

会社員の父と専業主婦の母、3歳上の兄に、6歳下と8歳下の弟ふたり。物のない時代で、6人家族の我が家だけでなく周りの家もどうにかこうにか三食食べている状況でした。食べるものに困った経験が身に沁みついてしまっているので、今でも食べ物は粗末にできません。

ただ当時は地域の結びつきが強く、近所の人が「炊き込みご飯を作ったからお裾分けね」と届けてくれたり、学校帰りに畑の横を歩いていると農家のおじさんが「きゅうり食べてけや」とポーンと投げてくれたり。貧乏であることを卑屈にならず、みんなで力を合わせて楽しんでいた気がします。


学校でもクラスメイトたちと協力してピンチを乗り越えたものです。

たとえば、定期的に「保健衛生」なる時間があり、ハンカチとティッシュを持ってきているかの検査をされました。でも上等なものはほとんどの子が買えない。だからハンカチはその辺にある布の切れ端を持ってきて、「これはハンカチです！」と言い張る。ただティッシュペーパーは使えばなくなってしまうので、運動会などの飾り付けに使われる花を作る紙が何かの景品で手に入ったら、みんなで分け合うんです。「今日は私が手に入れたから、2枚ずつ配るね」なんてやりとりがしょっちゅうありました。

そういう時に仕切りがちだったのが、私。たくさん持っている子がいると、「みんなにあげなさいよ」と指図したりして。その頃から〝おせっかいばばあ〟だったんでしょうね。あだ名が「お母さん」でした。今、劇場でおせんべいを配り回っているのも、当時の名残かもしれません。

男兄弟に囲まれて育ったせいか、元々の気質なのかは分かりませんが、おせっかいなだけでなく、たくましくて正義感が強い女の子だったみたいですねぇ。母曰く、兄が友達に泣かされたと知るや、「うちのお兄ちゃんをいじめないで」と怒鳴り込みに行っていたらしいです。そのこと自体は私の記憶にはないんですが、母にはよく「油断も隙もない」と言われていました。

一方で、家のことを手伝わされるのは、女の私だけ。「男子厨房《ちゅうぼう》に入らず」の風潮でしたから、料理も洗濯も私がやっていました。

というのも、我が家は母が病気がちで、しょっちゅう入院をしていたんです。だから、初めて母が倒れて入院した小学校3年生の終わり以降、私は親にご飯を炊いてもらった記憶がありません。学校から帰ったら兄弟のご飯の支度をするという生活が続きました。

しかも、一番下の弟は1歳になったかならないか。主に兄が面倒をみていましたが、ダメな時は私が弟を背負って学校へ行ったものです。授業中に後ろから髪の毛を引っ張られたり、ギャーギャーと騒いだりする。そうすると担任の先生に「廊下に出てな」と言われ、勉強どころではない。今では考えられませんよね。でもそれが私の日常でした。

そのような、学びたくても学べなかった日々の反動でしょうか。決して勉強ができるわけではないのに、子供の頃からずっと「大学に行きたい」と夢見ていた。いや、「絶対に行くぞ」と決意していましたね。

ただ、「女に学問は必要ない」というご時世です。お金持ちの女の子であれば短大まで行けたけれど、中流以下の家庭の女の子は行けても高校、半数は中学を卒業したら働くのが当たり前という感じでした。

私の場合は、中学卒業前に担任の先生が「ちょっと頑張れば都立高校に入れるし、奨学金制度もあるから受けるだけ受けてみては？」と何度も家に来てくれましたが、母が「受かったら困るので受けさせません」と聞く耳を持たなかった。その言葉は今でも心に残っています。

兄も弟ふたりも高校までは行っていますからね。中卒で働き始めたのは私だけ。口にはしませんでしたが、「なんで男の子は学校に行けるのに、私は行かせてくれないの」と胸の中では不満が渦巻いていました。

だからこそ、学ぶなら自分で学費を出すしかない。その強い思いが、仕事を頑張るモチベーションのひとつになっていたと思います。

国分寺の実家での家族写真。上・お兄さん（長男）、中右・お母さん、中左・私。小学校3、4年くらい。下右・お父さん　下中・弟（三男）下左・弟（次男）。アルバム見るとね、小さい頃からやたら笑ってますね。

第三章

人生は

笑って泣いて

繰り返す

「女の子は贅沢をしたらいかん」父の教えのおかげで苦労を苦労と思わない

入院した母の代わりに家事をしたり、弟の面倒を見たりで、遊ぶ暇はなかなかない。学びたくても進学はさせてもらえない。わりと制限された子供時代ではありましたが、不思議なことに卑屈にはなりませんでした。

「学ぶなら自分で学費を出すしかない」と思ったように、ままならないことがあっても、自然と気持ちを前向きに切り替えてきた気がします。

そのせいか、今も兄弟からはよく「苦労知らずだね」と言われますが、そのたびに「苦労なんて、背負《しょ》うもんじゃないよ」と反論しています。

だから、弟たちに老後の悩みを相談されてもあっさり。

「悩んだところでこの年で解決できることはないんだから、他のこと考えたら？」

私自身、まったく悩みません。だって、自分がいくつに死ぬのか、今後どれくらいお金がかかるのか、案じてもしょうがないじゃないですか。この年で金勘定をしたって何の意味もない。なくなったらなくなったでその時に考えればいい。

身体のあちこちが痛むのも当たり前。もう70年以上使っているんだから。むしろガタが来ないほうがおかしいですよね。なので、「足が痛い」と悩むよりも「足だけで済んで良かった」。そうして今自分にできることを楽しんだほうが幸せに暮らせます。


きっと、脳天気なんでしょうね。どうやら兄弟たち曰く、「親父の血を引いてるね」とのこと。

確かに考えてみれば、明治生まれの父は陽気で遊び心にあふれた人でした。一緒にいるとすごく面白かったし、叱られた記憶もありません。

着流しに帽子をかぶって、いなせな雰囲気。ピアノやギター、マンドリンなどさまざまな楽器をたしなみ、書もうまかった。そういえば、襖《ふすま》に書いて母に怒られていましたね。

子煩悩で、リアカーに子供たちを乗せて多摩川《たまがわ》まで行き、よく一緒に川遊びをしてくれたものです。またある時は「動物園に行くぞ」と連れていかれたのが、府《ふ》中《ちゅう》にある競馬場。裏から覗くと馬が見えるんです。

競馬をするわけではありません。子供たちに動物を見せてやりたくて行くだけ。ギャンブルなどはいっさいしない。無駄金を使う人ではありませんでした。そこは私にも通じるものがあります。

明るくて粋で、とにかく大好きでした。父も唯一の娘だったからか、特別可愛がってくれたように感じます。

家族で地元府中で有名な大國魂神社《おおくにたまじんじゃ》のくらやみ祭へ行くと、女の子は危ないからと私をおんぶしてくれた。弟が「僕も背中に乗りたい」とお願いしても「お前は男だからちゃんと歩け」と却下。だから父のぬくもりはいまだに覚えています。

しかし甘やかしてくれた反面、贅沢は許してもらえませんでした。

子供の頃から口を酸っぱくして言われていたのは、「女の子はどういう家に嫁ぐか分からないから、お肉は最低ランクの細切れしか喰っちゃいけない」。

「細切れ肉しか食べていなくて、お嫁に行った先で焼肉が食べられたら幸せだと思うだろう。でも子供のうちからその美味しさに慣れてしまうと、もし嫁ぎ先が貧乏で細切れ肉しか食べられなかった時に、なんて私は惨めなんだと悲しくなるだろう。だから女の子は贅沢をしたらいかん」

当時は男性が働き、女性が家計をやりくりする時代でしたから、お金の使い方については厳しく指導されました。

「夫が稼いできたお金をすべて使うのは愚の骨頂だ。お金は半分で計画しろ」と父。私が就職した頃から「給料の半分をを生活費に振り分け、家を借りるなら、その金額に見合った家賃のところを探せ。見栄を張るな」とよく言っていました。

残りの半分は、すべて貯蓄……としたいところですが、突発的な出費に対しても備えなければなりません。

「生活をしていると、必ず不測の事態が起こる。病気になったり怪我をしたりすれば、お金もかかるだろう。だから実際に貯まるのは8000円のうち500円かもしれない。けれど、それでいい。そういうことを心がけるか心がけないかで、人生は変わる」

その父の教えは今もなお、ずっと守っています。

好きなことをするためにはお金が大事
自分へのケチを面白がってきました

いつか必ず大学に行くという決意を胸に秘めたまま、中学を卒業した私は、大手企業の事務員として働き始めました。

実家から通い、給料はいったん親に全額渡します。その中から一部を小遣いとしてもらい、ほとんどを貯金に回しました。そしてある程度お金が貯まったところで、

中学卒業後に就職した会社の、お世話になった上司と

まずは手に職をつけたいと考え、17歳で会社を辞めて職業訓練校に通うことに。さらに並行して、念願の通信制高校へも入学しました。

ただ、職業訓練校では半年間、図面の勉強を全うできましたが、高校は残念ながら中退。月々の学費が続かなかったんです。

通信制高校は似たような境遇の子が多く、月に何度かある対面授業で仲良くなり、話をするのが楽しかった。何より、学んでいて苦しいと思うことがひとつもありませんでした。そのぶん、志半ばで辞めなくてはならないのが悔しかったです。

お金がないと勉強に集中できないということの経験があったので、次からは学校へ行くならお金の心配はしたくありませんでした。そのため、学費の見通しがつき、これで卒業できると目安をつけられるまでは、ひたすら貯金。洋服はあまり買わなかったし、化粧もしない。美容院へ行くのは年1回。伸びてどうにもならなくなったらポニーテールでごまかしました。

おしゃれに興味がないわけではなかったのですが、すべては自分の夢を叶えるた

着ているワンピースも自分で縫いました

め。服がワンパターンで「毎日ユニホーム着てるの?」と言われたこともありましたよ。そんな時は笑って「そうかい?　でも土日は休ませるよ」なんて返して。自分に対するケチは結構面白がっていました。

　独身時代に洋裁を習っていた頃は自分の洋服はほとんどが手作りでしたし、既製品を買うならあえて上等なものを選び、自分で修理。中には20年選手の洋服もあるほど長く着続けています。

たとえば、ズボンの裾が切れてきたら、少しずつ裾を上げていくんです。切っては上げて切っては上げての繰り返し。だんだん丈も短くなっていきますが、年を取ると足元が危なくなくてちょうどいいんです。

当然、食べるものも決して無駄にはしません。食材は必ず使い切りますし、どうしたら捨てないで済むかを絶えず考えていました。

たとえば、足が早い椎茸《しいたけ》は傷む前に天日干しをして冷凍。一度にはなかなか食べきれない大根も輪切りにして軽く茹《ゆ》でてから冷凍したり、時には切り干し大根にして消費します。バナナも皮を剥《む》いて割り箸を通してアイスキャンディーに。ケチというより節約ですね。いいアイデアが浮かぶとうれしくなったものです。

ちなみに現在は高齢になり夫婦して食べる量も少なくなったので、お豆腐や納豆など個包装されたものは多少割高でも食べきれる量のものを購入しています。

おかげさまで、24歳で結婚して一度仕事を辞めたものの、貯金で再び通信制高校に入学し、4年（当時は4年制）で卒業することができました。ただし、私の最終目標は大学です。勉強し続けるために、33歳で再び造船所の設計部で働き始めました。

結果、64歳までお世話になり、働きながら44歳で通信制の短期大学、47歳で放送大学に入学。さらに老後はＮＳＣの学費まで払えました。

やはり、好きなことをするためにはお金が大事です。そのために節約したりするのは苦ではないですし、みじめとも思いませんでした。逆に楽しかったです。

結婚して50年以上経ちますが主人とは喧嘩をしたことがありません

70を過ぎて芸人になるという無謀なチャレンジができたのは、やはり主人の理解があったからこそです。

ひとつ年上の主人は親が決めた結婚相手。どんな人かよく知らないまま結婚したので、どんな生活が待っているのか予想もつきませんでした。だから結婚当初はもしかしたらいつか別れるかもしれないと心の中で思っていましたが、金婚式を越えてもなお、喧嘩《けんか》ひとつしたことがありません。

というより、喧嘩の種がない。私がカーッとくると、向こうが「はいはい、もう寝たほうがいいよ」などと、うまくいなす。あるいは「お腹すいたんじゃないの？なんか食べる？」と優しい言葉をかけてくれるんです。

私自身も気遣いを忘れないようにしてきました。お酒が好きな人なので、お金に余裕がなくてもお酒は切らさない。また、私はお茶漬けでも主人には肉を食べさせた。自分へのケチはよくても周りに対してケチケチするのは絶対に嫌なんです。余談ですが、その点では交際費も絶対にケチりません。交際費は人とのつながりですから、お金には代えられない。自分にはない知識を持っている人たちとお付き合いできるというのは最高の喜びです。

だから主人にも、誘ってくれる人がいるうちは絶対に行くようにと言っています。断る時は、必ず理由を添えること。でないと、次に誘ってもらえなくなります。出すべき時は出して、無駄遣いはしない。そのメリハリが人生を楽しむ秘訣にもなっています。

ふたりして〝売り言葉に買い言葉〟をしないのも喧嘩しない秘訣かもしれません。たとえば会社勤めをしていた頃、私の帰宅が遅いと、先に帰っていた主人が「俺はお腹がすいた」と言うんです。そんな時は、どんなに疲れていても「うるさいわね」とは返さない。「私もよ〜」と軽く同意するのみ。

「俺は昼から飯を食ってない」

「私もよ〜」

肩透かしを食らうのか、それ以上は何も言わない。おとなしく夕食ができるのを待ってくれます。また、私が作ったご飯に対して「甘い」「辛い」「しょっぱい」と言われても、真に受けません。「今日は砂糖が安かったのよ」「塩が特売だったの」とユーモアで返しています。

そして、主人が私のやることに決して反対しないのも、夫婦関係がうまくいっている理由のひとつでしょう。特に学問に関して「やるべきことはやんなさい」と言ってくれたのはありがたかったですね。結婚してから「高校へ行くね」と宣言した時には「あいよ」と軽くＯＫしてくれた。

私が何かに没頭している時は主人から見ても生き生きしているらしいんです。だから、前述した通り、NSCに入る時もあっさり受け入れてくれたわけです。

ただ、さすがに乳がんを患い、さらに卵巣や子宮へも転移した後に「今度は四大に行くわ」と伝えたら、「はっ？　大丈夫？」と目をまんまるにしていました。

おそらく、今度は頭がやられたんじゃないかと思ったんでしょうね。でも私の熱い思いを知り、「やれるだけやってみな」と背中を押してくれました。


かといって、学校を卒業した時にねぎらいの言葉をかけてくれるわけではありません。うちは結婚記念日も誕生日もわざわざお祝いしない。ベタベタしない距離感というんでしょうか。昭和の夫婦はそんなものです。

だから、私が出演する舞台を観に来たこともありません。耳もだいぶ遠いですしね。でも、口には出しませんが、私が芸人として頑張っていることを喜んではいるようです。

私を紹介してくださったテレビ番組を録画しては夜中に何度も繰り返し観ているし、劇場の所属メンバーになり仕事で家を空けることが増えてからは食事や洗濯などの家事もいろいろと手伝ってくれるようになった。詰めは甘いけれど、非常に助かっています。

結婚式での引き振り袖姿

NSCや劇場に通いながら失明した兄の介護を続けました

私が新たなことに挑戦するたびに応援してくれた存在として、3歳上の兄も外せません。

兄は、NSCがどんなところか知らないにもかかわらず、「私が出る舞台で人を集めなきゃいけないんだけど、頭数が足りないから来て」とお願いすれば、「いいよ」とふたつ返事で来てくれた。ネタを披露する妹の姿を「楽しそうでいいな」と笑顔で見守ってくれる愛情深い人なんです。

だから兄が難病により失明宣告を受けた時も、私は迷わず介護することを選びました。特にNSCに通っている間は、兄の手術に付き添えるように授業の合間を縫ってスケジュールを調整したり、また主人の肺がんも発覚したりと大変ではありましたが、投げ出したいとは思いませんでした。

兄はもともと子供の頃から目がかなり悪くて、牛乳瓶の底のようなぶ厚い眼鏡をかけていたんです。それでも問題なく仕事をしていたので気にしていなかったのですが、2002年に母が亡くなったタイミングで久しぶりに顔を合わせたら、どうも様子がおかしい。聞けば、ちょっと目が見えにくいと言うので、眼科で有名なクリニックを探して連れていきました。

最初は1回手術すれば治るとの診断で、実際に手術したら良くなったんです。以降、経過観察で月に1度、通院することになり、クリニックの最寄り駅で待ち合わせをして私が付き添っていたのですが、2015年に失明を宣告されました。

でも、私は兄のためになんとかしたかった。だって、目が見えないなんて、本人にとってこれほどつらいことはないじゃないですか。ひたすら探してなんとか先進医療を実施している病院を見つけました。

先進医療ですから費用は相当かかったものの、主人が兄ととても仲がよくてね。「何があっても俺が面倒を見る。お金が足りなければ、今住んでいるマンションを売っても構わない。だから、お前もちゃんとやらなきゃダメだよ。とにかくお兄さんのことを中心に動きなさい」と言ってくれたんです。

医者には「80〜90%の確率で無理です」と告げられましたが、わずかな望みにかけて何度か手術をしてもらい、一時は回復しました。

でも、何種類もの目薬を1種類ずつ時間を置いてささないといけなかったり、目薬によって「光を当ててはいけない」「使う前に振らないといけない」など扱い方が異なったり。さらに、すべての薬を1日に何度もさす必要があり、容器も小さい。ただでさえ目が見えづらい兄には大変な作業です。目薬をさすのが億劫になるにつれて、視力はますます悪化の一途を辿《たど》っていきました。

さらなる異変に気づいたのは、NSCの卒業公演に来てくれた時です。「お兄ちゃん、ちゃんと迷わないで来られた？」と聞いたら、「ああ……うーん」と生返事。よく見たら、洋服も靴も汚れている。おしゃれとまではいかずとも常に身綺麗にしている兄なのに。

その上、うちに来ても戸にはぶつかるし、迷い箸はするし、トイレへ行っても戻る場所が分からない。

ただごとじゃないと感じて問い詰めたら、相当見えにくいとのこと。どうやら病院からはすでに「うちではもう治せません」と匙を投げられていたようです。

そのうち、夜中にパッと起きて「火事だ！」といきなり叫んだり、玄関を開けてどこかへ行こうとしたりするようになりました。そんな時はパニック状態なので、「大丈夫だよ」と背中をさすったり、お茶を飲ませたりして、落ち着くまでずっとそばに寄り添わなければなりません。

このように支離滅裂な言動が増えていったので認知症かと疑い、心配でとても1人にしておくわけにはいきませんでした。

しばらくは主人にも協力してもらい兄の世話をしていましたが、主人の肺がんの手術が迫り、かつ命の危険もあるということで、私ひとりでふたりをケアするのは難しくなってきた。

そのため、介護施設に入ることを検討し始めました。

予想外に大変だったのは親族への説得。兄を頼りにしてきた弟たちは現実を受け入れられなかったんです。知人に間に入ってもらい、弟が理解するまで時間がかかりました。

ところが、今度は細かい条件や制約があったりでなかなか施設に入れない。困り果てましたね。

その間、兄が老後に足繁く通っていた自宅近くの地域包括支援センターの方たちに助けていただきつつ、施設のショートステイも利用しながら、自力でどうにかこうにか2022年まで介護をしました。自宅と、劇場やラジオ局、兄の家を往復する日々はことさら身体にこたえましたが、兄のためと思えば頑張れました。

そして、5年の月日が経ち、道路の真ん中で立ち止まったり、ガスを消し忘れてボヤ騒ぎになったり、いよいよ認知症が進行してしまったところで、ようやく施設が見つかりました。その頃には右目も失明していたので本当に安堵しました。

とても綺麗な施設で、掃除は行き届いているし、シーツもまめに交換してくださる。定期的に床屋さんが来て髪を整えてもらえるのもいい。何より、施設のスタッフさんがとても良い方たちばかりなのが、大きな安心材料に。目薬もきちんとさしてくださるおかげで、ぼんやりと輪郭が分かるくらいの左目の視力もなんとか現状維持で踏ん張っています。本当に感謝ですね。

また、施設に入ってから紹介してもらった眼科も良いところだった。兄が「火事だ！」と叫んでいたのが、見えなくなってくると目に血管が通り、それを炎だと錯覚してしまうせいだというのを、そこで初めて知りました。難病を専門に診察されている先生だけあって、とてもに頼りになります。

今は、1日最低2回、電話で連絡を取ったり、毎月泊まりで面会に行ったり、私にできる範囲で兄に寄り添っています。

主人の肺がんと兄の認知症が重なった時にはさすがに愕然としましたが、切り替えの早さが私の長所。考えて解決するならいいけど、無理なら開き直るしかない。だから私は主人と兄に言ったんです。

「お互いに年だからね、病気を持ってて当たり前よ。そのへんはもう割り切ろう。でも3人のうち誰から死ぬかって、私が最後よ。ふたりを弔ってから私は逝くわ」

そうしたら、ふたりとも笑って「おー」と同意してくれました。

還暦祝いで主人（上右）と兄（上中）、友人夫婦と温泉旅行へ

がんになり離婚も考えたけれど……ただじゃ起きないのが私です

47歳で子供の頃からの目標だった大学進学を叶えたわけですが、その思いがより強くなったのは乳がんの闘病がきっかけです。

乳がんが発覚したのは38歳の時。仕事中に左腕がピリピリと痛むような違和感を覚えていたある日、自宅の電話が壊れて修理をしてもらったんです。そして、直ったかどうかを確認するために「どこかへ電話をしてください」と言われてかけた先がたまたま保健所でした。

せっかくなので身体の不調を相談したところ、外科で検査をしてもらうように案内され、後日病院へ。調べたら、すでにステージ4の乳がんでした。

当時は本人への告知はタブーとされていましたので、先生から直接伝えられたわけではありません。ですが、「ご家族をすぐに呼んでください」と言われた時点で悟りました。主人は「もうダメだろうな」と覚悟もしたようです。

にもかかわらず、私は発覚翌日に友達と2泊3日でマレーシア旅行へ行っちゃいました。主人には「キャンセルしてくれ」と懇願されたものの意志は固かった。「お父さん、もし私が死んじゃったら、あの時行かせてやればよかったって一生後悔するよ。だから今、行かせたほうがいいよ」

半分、脅しですよね。今思えば反省ですが、どうしても行きたかったんです。気を遣わせたくなかったので、友達には内緒。帰国後に伝えたら、「いい加減にしてよ」と怒られましたが。彼女にも申し訳ないことをしました。

夜中に自宅へ帰って胸を見たら、紫色になっていてびっくりした記憶があります。朝になった途端、主人に首根っこを掴まれ病院へ連れていかれましたね。

そうして手術で左胸を摘出し、人工胸を付けての生活がスタート。しかし1年が経った頃、高い頻度で土日に熱が出るようになり、今度は卵巣への転移が見つかりました。

基本的にはポジティブな私ですが、さすがにこの時ばかりは主人に申し訳なくて離婚を考えましたね。というのも、そもそも乳がんの時点で高額な治療費がかかっています。加えて再発が分かり、主人にさらなる金銭的負担を強いることになる。このままだとうちは破産するだろうから、別れたほうが主人にとってはいいんじゃないか。今後、主人が再婚するにしても早いほうがいい。そう思ったんです。

けれど、頑固な人だから普通に「離婚してほしい」と切り出したところで首を縦に振ってくれるはずがない。そこで、自然と離婚したくなるのを狙って、相手が嫌がる態度をひたすら取りました。

何かを言われるたびに「うるさい！」と突っかかる。食事について言われたら、「こっちだってまずいもんを作ろうと思って作ってんじゃないんだから。気に入らないなら自分で作ってよ」。

妻のあまりの変わりように、主人はびっくりしちゃって何も口出さなくなりました。再発のショックで精神的におかしくなったのかもしれないと勘違いしたみたいです。

好きでそんな暴言を吐いているわけではないので、夜になったら泣きましたね。声が出ないようにバスタオルを首から顔に巻いて、嗚咽《おえつ》したものです。

そんな日々が数カ月続いた頃、主人がひと言、「いい加減、もうやめろよ」。私の意図はバレバレだったようです。その瞬間、心の重荷がふっと軽くなった気がしました。あれだけ暴言を吐いたところで、主人は逃げる一方。喧嘩にもならなかったので、結果的に私だけがじたばたしていただけ。

「バレたなら仕方ないな。もうやめよう」

そんなふうに気持ちが収まっていきました。

主人は逆境に強い人なんですよね。つらい状況に陥れば陥るほど頑張るタイプ。おかげで、ふたりで協力して治療費も捻出できました。

私に仕事があったのも大きかったですね。その後、45歳で子宮への転移も発見されたのですが、入退院を繰り返しつつも会社に行けたから救われました。最初に乳がんで手術をすることになった時に「いない間はパートの方を入れるから、元気になったら戻っておいで」と言ってくださったんです。

主人や家族には「辞めてくれ」とお願いされましたが、「辞めてどうすんの？」と私は拒否。

「会社を辞めて、闘病中はひとりでテレビを観ながら、私はがんだって泣くの？そんなの嫌だよ。会社のほうから辞めてくれと言われたら辞める。でも自分からは絶対に辞めない」

そう主人に宣言しました。

やはり不幸な出来事だけに集中してしまうと、気が滅入るじゃないですか。「これをしている間はつらさを忘れられる」というような、気分を切り替えられる場所があるのは大事です。だから、闘病中の通勤はきつかったけれど仕事は続けた。おかげで離婚の危機も乗り越えられましたし、その後、「乳がんになっただけじゃ面白くない。自分の経験をなんとか世の中に還元できないか」と確固たる目的を持って大学へ進学できました。

ただじゃ起きないのが私です。

進学したのは、放送大学 教養学部教養学科 生活と福祉コース。乳がんになった人にしか分からない苦しみを解消したいという気持ちから、そのコースを選びました。

というのも、人工胸を付けていると汗がすごいんです。汗取りパッドを使用してもかぶれてしまうほど。あまりにつらいのと、きっと同じような悩みを抱えている人が多くいるはずだと、人工胸用の汗取りシートやカバーを扱っている複数の企業に「私が被験者になるので、より良い商品を開発していただけませんか？」と電話もしました。でも、けんもほろろに断られてしまいました。

それなら自分が学ぶしかないと一念発起したわけです。

大学に入るにあたり、学費は最小限に、必ず４年で卒業すると決めた私は、３年間で必要な単位をすべて取り、残りの1年は乳がん手術後に関する卒業論文作成に集中するという計画を立てました。

そのために心がけたのは、「優秀な成績を狙わない」「赤点を取らない」の2点。優秀な成績を修めようと頑張りすぎたら卒業できないと思ったんです。

やりたいことに挑戦する時、みんなどうしても目標を高く持ちますよね。もちろん、実現できる人はそれでいいけれど、働きながら家事も担い、勉強も全力で……なんて私には無理です。

あくまでも目的は、論文を仕上げて卒業すること。ギリギリで合格しても単位は単位ですから。「これ以上頑張ると自分が潰れてしまうな」の境界線を見極めて、取り組みました。大学に限らず、高校も、44歳で入学した通信制の短期大学も同じやり方で卒業しています。

だから、私は決して優れた人間ではないんです。無理せず、程よく手を抜きつつ、自分がすべきことを淡々とこなしているだけ。最終的に目的が達成できれば問題ないという考えなんです。

こうして3年で必要単位をすべて取得し、放送大学の酒井豊子《さかいとよこ》教授と文化学園大学の田村照子《たむらてるこ》教授らのもと、自分を被験者に「乳がん手術後の発汗と下着について」の卒業論文を無事まとめることができました。さらに、日本家政学会第50回大会・研究発表で「乳ガン手術経験者の術後症状とブラジャー等の着用に関する実態調査」「乳房切除者のブラジャー内微気候の変動」を発表していただきました。

加えて、酒井教授が乳房を手術した人向けの下着ブランドへ論文を持っていってくださったのです。その後に発売されたパッドは改良されていました。

私の研究結果が実際に反映されたかどうかは不明ですが、ほんの少しでも役立つことができたなら光栄ですね。

指でOKサインしているのが私。闘病中は仕事仲間にも支えてもらいました

膝の手術後も杖をついて毎日出歩き
大学時代の友達が世界を広げてくれた

主人はよく「奥さん、大丈夫ですか？」「調子が悪いんですか？」と聞かれるそうです。なぜかというと、姿が見えないから。

「いやいや、うちにいるのは具合が悪い時だけですから」

そう答えるらしいです。

確かに、その通り。次から次へとやりたいことが出てくるんだから、じっとしていられないのも仕方がありません。今、こうして芸人をしていられるのも、30年以上勤めた造船所を退職した後、遊び歩いていたおかげ（？）です。

もともとは60歳で定年退職して、老後はとにかく好きなことをするつもりでした。にもかかわらず、会社から定年後も働いてはどうかと誘われ、お給料というにんじんに目がくらみました。

そうしてずるずると仕事を続け、4年が経ったある日、通勤中に駅の階段でガクンと膝が崩れたんです。立ち上がるのも不可能なくらいの痛みが走り、こんな身体で仕事を続けていたら好きなことができないまま人生が終わってしまうと退職を決意。ずいぶん引き留められましたが、強行突破で辞めました。

その後、病院で検査してもらったところ、膝が壊死していて即手術です。骨を切って壊死した部分を除き、チタンプレートを入れてボルトで固定。その状態で1年間を過ごしたらボトルを取り外し、リハビリが終わるまで2年ほどかかりました。


とはいえ、その間、家でじっとしている私ではありません。

そもそも手術後の入院期間も、リハビリのつもりで廊下を何度も往復したり、朝は談話室へ行ってテレビ体操をしたりと動きすぎて骨にひびが入り、当初は2週間の予定だったのが40日間に延びてしまったほどです。

私の自業自得だと知らない先生が「申し訳ないなぁ」と反省しているのを前にしても白状できず、「いえいえ」なんてとぼけた返事をしてしまった。むしろ、「こちらのほうこそごめんなさい」なのに……。この本を先生が読んでいないことを願うばかりです。

しかし無事退院した私は、やっと自由になれたと、杖をついてあっちやらこっちやら。大学時代の友人たちと花見をしたり、紅葉を見に行ったり、ここぞとばかりに動き回り、四季を肌で感じました。

さらに、エンターテインメント好きな友人とふたりで、演劇やミュージカル、コンサートなどのペア招待券が当たる懸賞にせっせと往復はがきを出し、当選しては一緒に足を運びました。

他にも、彼女が嗜んでいる日本舞踊の発表会を観に行ったり、美味しいご飯屋さんがあると聞けば皆で食べに行ったり……。私と同じく好奇心旺盛な友人たちに恵まれ、毎日出歩き、ほとんど家にいませんでしたね。

そんな充実した日々を送る中で出会ったのが、役者でもある鯨《くじら》エマさんが主宰する高齢者劇団です。

3日間にわたる演劇のワークショップに参加し、最終日にエマさんから打ち上げに誘われました。その時に「劇団に興味があるんですか？」と聞かれ、「あります」と答えたものの、衣装代をはじめ、地方遠征公演の際の宿泊代や交通費などは身銭を切らなければならない。さすがに微々たる年金で生活している私には難しく、正直に話してお断りしました。

すると後日、エマさんから電話がかかってきて、「金銭的に厳しいなら、代役はどうですか？」と提案されたんです。どうやら、高齢者劇団なので体調を崩す人が多いとのこと。

ゲスト出演なら持ち出しも少ないので、これ幸いと、ふたつ返事で承諾。何公演かピンチヒッターとして出演させていただきました。

その後も、私が住む自治体でおこなわれたワークショップに1年間参加して演技を指導してもらったり発表会に出たりするうちに、演じる面白さに目覚めていきます。

そして、やると決めたからには、私の性格上、手を抜きたくないのはご承知の通り。第一章にも書いたように、演劇用語がまったく分からないのをどうにかしたいと、学ぶ場所を探している時に、ＮＳＣの存在を知るわけです。

好きを極めていった結果、今の幸せな芸人人生があったと思えば、何事もあきらめずに挑んできてよかったなぁと、たまには自分を褒めたくなります。

大学時代には、しゃべれないのに中国へ短期留学も

有休をやりくりしての
ホームステイや海外旅
行で家は留守がち

第四章

おばあちゃん77歳
今とこれから

人知れぬ　自分を見つめ　ゆっくりと

「手に職」のつもりで習った編み物や着付け こんなところで役に立った

継続は力なり。私の座右の銘です。

だからでしょうか。周りの方は「やると決めたら、ものになるまで、とことん極める人だね」と言ってくださいますが、自分としては、「絶対に最後までやりきるぞ！」みたいには意識していないんですけどね。

好奇心と貧乏性。もしかすると、この2点が好きなことを続ける原動力になっているのかもしれません。

幼い頃からの暮らし方や父からの教えが影響しているのかは分かりませんが、ただ仕事をしているだけでは物足りないというか、暇な時間がとにかく嫌なんです。だから、自分は何に興味があるのかを常に探しているし、せっかく好きなことに打ち込むなら中途半端だと意味がないとは思っています。

ゆえに学問だけではなく、習い事も納得がいくまで続けてきました。

まず、20代前半は編み物に夢中に。機械編みの師範まで取り、編んだニットを自分で着てステージに立つファッションショーにも出演しました。また、好きこそものの上手なれ、でしょうか。賞自体にはさほど興味はなく、出すことに意義があるというタイプではありますが、何度かコンテストに応募して入賞したのは自信につながった気がします。

そして20代後半には着付け教室に2年間通い、着物の先生として指導できる「きものコンサルタント」の資格も取得。また、洋裁の教室にも通い、スーツまで縫えるようになりました。

ただ、最後まで続けてもお金には結びつかないんですよね。商売としてやっていくには、強引さが足りない。たとえば編み物も、1週間かけて仕上げたものに対して手間賃も含めて5000円はいただきたいところなのに、相手の懐事情を気にして、ほぼ材料費のみの「1000円でいいよ」と言ってしまうんです。生徒さんを取ったこともありますが、早々に自分には向かないと悟りました。

かといって、人生でまったく役に立たなかったのかというと、そうでもなかったみたいです。というのも最近、友達に言われたんです。

「あなた、今までの積み重ねがここで一気に花開いたね」

鈍感なのですぐにはピンとこなかったのですが、よくよく考えてみれば、芸人になってから、確かに昔取った杵柄たちが活きている。

こわもての見た目で極道ネタをする芸人、アイパー滝沢《たきざわ》さんと初めてラジオのパーソナリティをご一緒した時のこと。どんな話をすればよいだろうと調べたところ、編み物が趣味だと分かったんです。おかげで当日は編み物の話で盛り上がりました。私が編み物に詳しくなければ、ここまで会話は弾まなかったかもしれません。

また、芸人の若い女の子が舞台に浴衣を着て出るという時に、見たら衿《えり》の合わせ方が逆になっていた。さらに着方もおかしかったので「おはしょりをちょっと折ったほうがいいわよ」とアドバイスしながら着付け直したら、ものすごく喜んでくれて。こんなところで役に立てたと、私のほうこそ笑顔になりました。

何事もやっておくものですね。

今はネタづくりの一環で、書道と川柳を習っています。

書道は、短冊に川柳を書くためです。実は乳がんの術後に、墨を磨《す》ると心が落ち着くと勧められて、週に1~2回通っていたことがあります。ただその後、転移なども見つかり、上達する前に辞めてしまったんです。そのため、芸人デビューしてネタの方向性が川柳に決まってから、再び習い始めました。

劇場の所属メンバーになって以降は、月に1度行けるか行けないかの頻度ではありますが、新しいネタができたら先生に見本を書いてもらい、短冊に書写しています。

川柳を習い始めたのも、書道と同時期。まずは句会へ参加するようになり、

2023年からは句会と同じ先生がレクチャーする入門講座にも通っています。句会は老後の楽しみに来ている人が多く、年齢層は高め。積極的に趣味の教室へ顔を出す人たちですから、男女問わず皆さん好奇心が旺盛で、川柳だけでなく、70歳を過ぎてからピアノを始めた人もいれば、絵の個展を開く人もいて、いい刺激をもらっています。

さらに、詠んだ句にもズバズバと的確な意見を言ってくれるのもいい。違う視点が入ることで、ネタを磨くのにも役立っていますね。

皆さんには私が芸人だとバレていて、面白がってくれています。テレビの取材にも協力してくださり、さらに「泣き笑い（私が川柳を詠む時のペンネームです）さんに句を贈ろう」と、それぞれが私のために川柳を詠んでくださいました。ライブに来てくださる方もいて、この年になってお付き合いの幅が広がっていることがうれしいですね。

いずれは歌もやりたいと考えています。音痴なんです。うまくなりたいし、身体が動かなくなっても、歌なら口ずさめる。いい曲は自分に勇気を与えてくれますしね。

この先、他にもやりたいことがどんどん出てくるはずです。思い立ったが吉日で、きっと私はチャレンジし続けるのだろうと思います。

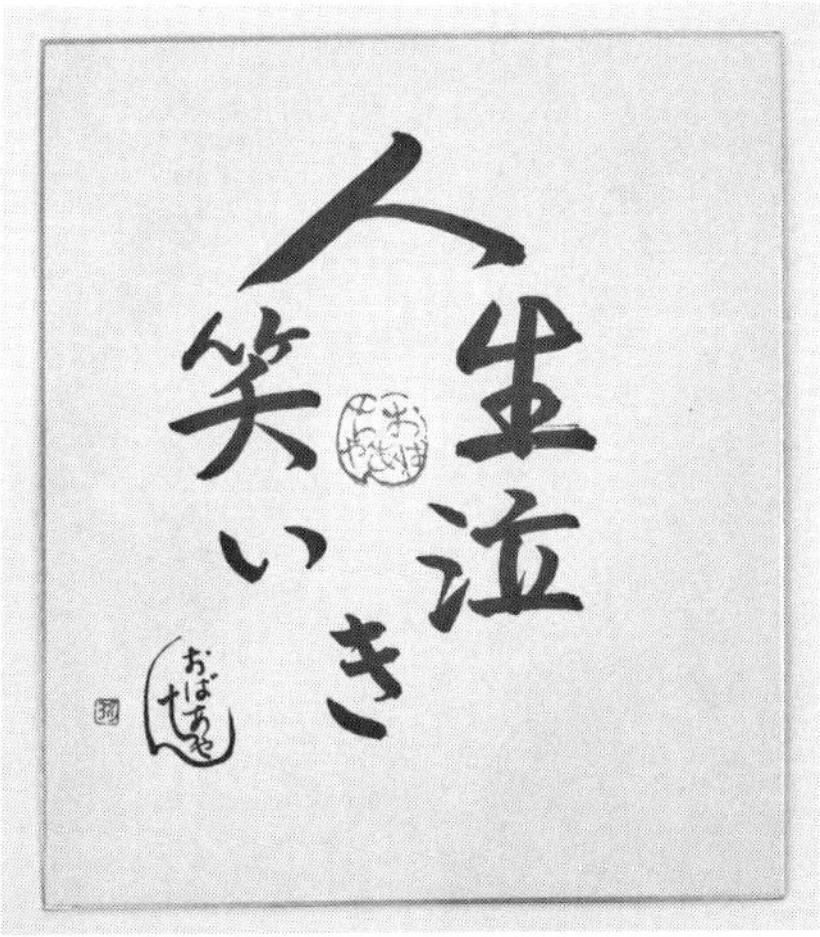

私の川柳ネーム「人生泣き笑い」を色紙に

「お金」より「できること」が幸せ
私ができることで誰かの役に立ちたい

喜寿を過ぎて新しい世界に飛び込めたこと自体が奇跡のようなもの。ゆえに〝仕事での成功〟なんて大層なことは考えていません。

もちろん、お金はあったほうがいいですよ。私自身、若い時は生活のために働いていましたし、貯金に励んだから大学にも行けたわけです。

「勉強するためにはお金がなかったら無理です。お金を惜しんだら、勉強はできない」

ある教授に大学でこう言われ、ごもっともだと思いました。

また、別の教授にも「お金儲けをするには何をしたらいいんですか？」と聞いた時に「学ぶことだ」と教えられました。つまり、お金と学ぶことは表裏一体ということ。お金がないと学べないし、学ばないとお金は稼げない。

だからお金が大切なのは当たり前ではあるのですが、年老いた今は、それが目的にはならない。あくまで、後からついてくるものです。それに、この年になっていきなり大金を手にして貧乏を抜け出るのは危険。逆に身体がおかしくなります。今のまま、年金生活でちまちま暮らしているのが楽しいんです。

この歳になると「できること」が一番の喜びです。だって、できないことが増えてきますもんねぇ。できることで人が喜んでくれるなんてもっとありがたいなぁと思います。

世の中のため、人の役に立ちたいんです。

その思いはおせっかいだった子供の頃からありましたが、卒業論文を指導していただいた酒井教授の言葉がガンと心に突き刺さったせいでもあります。

「みんな、年を取って大学に来たのに、それで終わりなの？　もったいない。せっかく身につけた知識を、なぜ少しでも世の中のために生かさないの？」

まったくもってその通りだと思いました。

かといって自分に何ができるのかは、ずっと模索中でしたが、今ようやく見つかった気がしているんです。私がこれまで学んだことの中で誰かの役に立てるとしたら、〝お笑い〟かもしれない、と。

それは、兄の介護が大きく影響しています。介護をしているご家族や施設の方たちに元気になってほしいんです。


兄はとてもおとなしいものの、目が見えないのでよく転びます。私が介護をしていた際、夜中に「火事だ」と騒いでいたと前に書きましたが、施設でも同じようなことが何度も起きています。そして慌ててベッドから降りるため、転んでどこかをぶつけてしまうんです。額を13針縫ったこともあります。

だからといって、施設側が兄をほったらかしにしているわけではありません。夜中に倒れた時にはすぐに救急車を呼んで付き添ってくださいました。兄ひとりだったら、とっくに死んでいる。だから感謝こそすれ、非難する気持ちは私にはないんです。

報道で見るような入居者に対する虐待事件などは言語道断ですが、多くの施設が入居者を温かくケアしてくれているはず。

そもそも自分で面倒がみられないから、施設に入所させていただいていることを忘れてはいけないと思うんです。

だから、兄が転んで怪我をするたびに施設の方たちから謝られるので、お伝えしました。

「そんなに謝らないでください。兄は動いているのだから、転んで怪我することもあります。むしろ怪我をした時にすぐ処置をしてくださっているということに感謝です」

施設の方はすごくびっくりされました。おそらくいろんな考えの人がいるんでしょうね。施設に入れた後は面会に来れないという人も多いようです。

預けた皆さんも自分のことできっと忙しいでしょうから、なかなか足を運べない気持ちも理解できます。でもそういった話を聞いた時に、施設の方々の苦労を思いお笑いを通じて恩返しができたらなぁと思ったんです。

兄の時に感じましたが、介護の真っ只中にいると、日々立ち向かうしかなくて辛いんですよね。私が経験したことをネタにしてクスっとでも笑っていただけたら。それが結果的に、何かのお役に立てたら本望ですね。

この年になっても毎日、学びがあります

新しいことにチャレンジできて幸せです

お声がかかるのは〝おばあちゃん〟だから「年だからできること」に目を向けて

私が普段出演している『神保町よしもと漫才劇場』は若いお客さんが多いですね。でも最近は、同世代の方たちに自分のネタを見てもらう機会をいただけるようになりました。

ただ同世代だからこそ、ネタをする際にはとても気を遣います。高齢者あるあるを題材にしているからこそ、「あなただからできるのよ、人に押しつけないで」と反発もあるだろう、と。

でも、やっぱり私は、年を取ってできなくなり恥ずかしいと思うことを笑いに変えて開き直りたいんです。

そんな私を見て、「できないのは自分だけじゃないし、恥ずかしいことではない。

できなければ周りに頼ればいいし、素直に甘えられたほうが楽しく生きられるんだ」と前向きに捉える人がひとりでも増えてくれたらうれしいんです。

実際、私が出演したテレビ番組『激レアさんを連れてきた。』（テレビ朝日）を観たイトコの友達に、勇気をもらったと感謝されました。

その方はずっとピアノの先生をしていたけれど、60歳になった時、年齢を理由に辞めたそうなんです。でも70を過ぎた私が芸人をやっている姿に、「私ももう一度ピアノができるかな」と前向きに考えるようになったとのこと。そんな話を聞くと、芸人になってよかったなぁとしみじみ思います。

年齢や家族の意見に押されて、何かを辞めたりあきらめたりしてほしくありません。むしろ〝年だから〟できることもあるのだと心に留めていただきたい。

私が今、芸人として舞台に立てているのは、〝おばあちゃん〟だから。老後に始めたからです。後期高齢者の若手芸人という物珍しさのおかげで注目されているだけ。おばあちゃんゆえに、いろいろと声をかけていただいているわけです。『激レアさんを連れてきた。』への出演もまさにそうですよね。
私が若い頃に芸人を目指したところで、無理ムリムリ！　周りの才能ある人たちに埋もれて、日の目を見ることはなかったでしょう。
老後に何もしないのはもったいないと思うんです。新たなことに挑戦するにも、長く生きているからこその知識や経験、技術が活かせるはず。それは私自身が身をもって実感しています、
だから、同世代の皆さんやこれから老後を迎える方たちには「年だからできない」ことよりも「年だからできる」ことに目を向けてもらいたい。それまでにある程度、生活の基盤さえ作っておけば、挑戦することが収入に結びつかなくてもいいんです。身の丈に合った楽しみ方はいくらでもありますから、ぜひ自分が好きだと思えることを探してみてください。

失敗しても年寄りだからしょうがない そう思えばストレスもなくなります

私は、失敗することも多いんです。特にデビューしたての頃は、トークコーナーで話を振られても頭が真っ白になって何も出てこなかったり、余計な言葉を口走ったりして、よく落ち込んだものです。ネタも若いお客さんには通じないですし、一時期、本気で芸人を辞めようと思ったこともあります。

でも、失敗するたびに山田さんが「おばあちゃんはそれでいいんだよ。舞台に立つだけでいい」と励ましてくださり、救われた。おかげさまで最近は失敗しても吹っ切れるようになりました。

努力はするけれども、やるだけやってダメなら仕方がない。周りの芸人たちもお客さんも「おばあちゃんだからしょうがない」と温かく見守ってくれているので、それに甘えちゃう。決して立ち向かいません。

また、脳の老化でネタ覚えは悪くなる一方ですので、一言一句間違えない練習をするのではなく、ストーリーで覚えるようにしています。そして、舞台上で「間違えたな」「言葉が出てこないな」という時には、その箇所をまるっとカットしたり、似たような表現に変えたりしてごまかすんです。すぐに気持ちを切り替えれば、ストレスもありません。

高齢者には、変なプライドも遠慮も不要です。ずうずうしすぎるのはダメですが、持ちつ持たれつで好きなことにもどんどんチャレンジしながら気楽に生きていきましょうよ。杖をつけば歩けるなら、家に閉じこもらず歩けばいいんです。

私自身、劇場と家の往復で気づけば1万歩以上歩いているので、いつの間にか膝が強くなった気がします。また、この先も長く舞台に立ち続けられるよう、定年退職した時に始めたテレビ体操を10年以上、毎日欠かさず続けています。

一方で、食事はそこまで気遣ってはいません。多少味付けが濃かろうが、カロリーが高かろうが何でも食べます。というのも私の周りでは、カロリーを気にしすぎている人たちがこぞって倒れちゃっているんです。だったら我慢する必要はないんじゃない？　と思って、好きな物を食べています。

あとは、睡眠不足だと疲れがとれないので、寝たい時には昼間でも遠慮せず寝るようにしています。ただ、劇場の控え室でうつらうつらしていると、具合が悪いと勘違いされ「おばあちゃん、大丈夫？」とみんなが心配するので、寝る場所だけは気をつけていますが。

そういえば、杖の話で思い出しました。最近、足腰が弱ってきた主人が「杖をつくのは恥ずかしい」と言うんですが、私はこう返しています。

「年を取れば足が悪くなるのも当たり前。それよりも、杖をつかないで転んで他人様に迷惑をかけるほうがよっぽど恥ずかしいわよ」

私たちの子供の頃と違い、今は便利な物がいろいろとあるのだから、頼れるものは頼らないと。また、素直に「助けてください」とお願いすれば、優しく手を差し伸べてくれる人もたくさんいます。

この本を読んだ方なら、私がどれほどNSCや劇場で若い子たちに助けてもらっているか、よく分かっていただいているはずです。

若い人たちと接するときに大事にしていること

71歳でNSCに入学して以降、若い子たちの仲間に入れてもらえていることで元気をもらっています。みんなとおしゃべりしていると、老後の寂しさを感じる暇がありません。

もちろん、同世代の友人は大切です。病気になったり、老化を感じたりした時に気持ちが分かり合えます。

でも同じような境遇の人たちばかりと付き合っていると、不幸があった時には一緒に落ち込んでしまう一方なんですよね。それに、小さな世界に閉じこもることで、友達に依存しすぎてしまう。そうなると、せっかく築き上げてきた良い関係が台無しになってしまいます。

だからこそ、違う世界も広げておかないと。

その点で、私は劇場へ行けば孫世代の子たちばかりなので、一般的な老後のイメージとはかけ離れた環境にいます。みんなも普通に受け入れてくれるのでありがたい。若者の間で流行っていることを知らなくても、勘違いしていてもOK。必要以上に気を遣われることもないし、自然と会話の輪に入れてもらっています。私がずうずうしく入り込んでるだけかもしれないけれど。

もはや何を言っても受け入れてもらえるという頭があるから、四角四面でいる必要もなく、思ったまま口にできて気が楽です。


若者たちと接する上で私が大事にしているのは、ふたつ。

まず、素直に聞くということです。知ったかぶりはダメ。分からないものは分からないでいいんです。教えてもらうことが良いコミュニケーションにつながっています。代わりに、浴衣を直したりなど自分に役立てることは惜しみなくすればいいんですから。

もうひとつは、あまり踏み込まないこと。相手から自然に話してくれるぶんには耳を傾けますが、私から個人的な質問をガンガン投げかけることはしません。

一方で、おせんべいを配るなどおせっかいは焼いてしまう。「あの子、何もしゃべってないいな」と気になると、つい近寄って「おせんべい食べる?」と話しかけちゃうんです。ある意味、おせんべいが良いコミュニケーションになっていますね。

私は若い人たちにエネルギーをもらっているからこそ、若い人たちの活躍が自分のことのようにうれしいです。

ゆえに、老婆心ながら、彼ら・彼女らにはとにかく好きなことを見つけ、自分の力で切り開いてもらいたい。

もしなかなか芽が出なくても、人のせいにするのは絶対にダメです。〝親ガチャ〟(生まれた家庭環境によって人生が左右されること)なんて言葉もあり、できない理由を親や環境のせいにするのは簡単ですが、それをしてしまったら成長は止まってしまいます。

人のせいにする前に、まずは自分を振り返る。そして反省し、次に活かすことが大切です。

それに、覚悟を決めれば〝若さ〟は大きな武器になります。

若いうちは何でもできちゃいますよね。2〜3日徹夜しても平気です。今の私なんて徹夜をしようものなら2〜3日はフラフラしてしまいますもん。

今、一緒に劇場に立っているのは、ひたむきにお笑いを頑張っている子たちばかり。みんなの姿をこれからもそばで元気に見守っていけることを願うばかりです。

マネージャーの鈴木さんに任せっきりです

「あなたといると皺が増えてしょうがない」今ではお笑いが生きがいに

今の目標は、ひとりでも多くの高齢者に笑いを届けて元気になってもらうこと。初営業だった葬儀場での高齢者向けセミナーをはじめ、大阪にある企業でおこなわれた60歳前後の従業員を対象にしたイベントなど、シニアが多い会場でネタをする機会が増えてから、その想いはいっそう強くなりました。

大きなきっかけとなったのが、同年代以上の方ばかりだった「ふじさんシニアクラブ富士宮文化祭」での講演会。最初は、250名のお客さんを前にネタをすると聞いて怖じ気づきましたが、蓋を開けてみればとても達成感があったんです。

というのも、シニア世代の前でネタをすると、笑う前にまず〝納得〟がくるんですね。皆、「そうです、そうです」と深くうなずいてくれる。その瞬間、会場に一体感が生まれ、私も「共感していただけた！」とうれしくなりました。何より、大先輩であるさこリッチさんが先に舞台を温めてくださったおかげです。良い経験をさせていただきました。

だから、舞台にも立てる間は立ちたいです。ただ、ネタを覚えられなくなるのも時間の問題ですし、その前に皆さんに笑ってもらえるようなネタが作れなくなると思います。そうなった時には、口と足が動く限りは、トークイベントなど違った形で参加したい。いえ、足が動かなくなれば車椅子を使います。おしゃべりさえできれば、芸人を続けていくつもりです。

なぜそこまで頑張りたいのかというと、すでに私にとってお笑いが人生になくてはならないものになっているためです。最近になってようやく舞台に立つ要領を覚えて気持ちに余裕が生まれたからでしょうか。

以前は、ネタを忘れないために短冊を使うことに後ろめたさがあり、川柳を詠んだらすぐにしまっていたんです。ところが今は、お客さんに向けてぐるっと短冊を見せます。「わかるでしょ、ね？」という感じで。そして、うなずきながらゆっくりしまうと、拍手が起きるんです。

おかげさまで、なんだか「私も嫌いじゃないな」っていうのが分かってきました。今、どんどん楽しくなってきてるなっていうか。

こんなふうに共感してもらえて、さらに拍手までいただいた時の喜びを知ったら、おこがましいですが、もう芸人はやめられません。

そこで一句

ひまができ　今日も楽しい　生きがいを

このてんやわんやな日々が私の生きがいです。

「あなたといると皺が増えてしょうがない」

友人にはそんなふうに言われますが、笑い皺は勲章です。笑っている瞬間は嫌なことも忘れています。そんな幸せの証をもっと増やしていくためにも、お役御免になるまで、お笑いの現場に居続けたいですね。

「今日も楽しかった!」

第四章

人知れぬ
自分を見つめ
ゆっくりと

おばあちゃんへのメッセージ

あんり（ぼる塾）

出会いの時に「1年目のおばあちゃんです。よろしくお願いします」と言われて、一瞬夢見ているのかと思いました。おばあちゃんに頼ってもらえると自分を誇りに思えます! これからももっともっと活躍してほしい!!

田辺智加（ぼる塾）

おばあちゃんは物腰が柔らかくてとても謙虚。会うとお菓子交換をしたり、一緒に話したりして楽しいです。ポジティブで元気もらえる!

きりやはるか（ぼる塾）

2023年の大みそかのライブの時はおせんべいとみかんをくれて、ぼる塾4人と食べながらおしゃべりして、わいわい楽しく過ごしました。実家に帰ったような感じ! また会いたくなるみんなのおばあちゃん!

おばあちゃんへのメッセージ

荒川（エルフ）

おばあちゃんに「昔の私に似てる」って言ってもらえてまぢでうれしかったょ！ｗ　人生で幸せな瞬間は好きなことをしている時だと教えてもらいました。誰かのせいにする人が嫌いで、どんな状況でもがんばらんかい!魂が宿っているおばあちゃん。その気持ちは絶対忘れてはいけないなと思いました。私もおばあちゃんのような年の重ね方したいです

酒寄希望（ぼる塾）

一緒にいると楽しくて笑顔になれるおばあちゃん。大食いと知ったときはびっくりしました。おばあちゃんの活躍で世界に「OBACHAN」という言葉が広まると思います!

はる（エルフ）

年齢とかそういうの関係なくおばあちゃんの人柄とおばあちゃんという人間にしか出せないワードなどが全て面白いです! スケジュール帳を見させてもらった時にほぼ真っ黒で忙しいはずなんですが「ありがたいよね!」といつも仰っていて。私も負けないように、そしてその気持ちを大切に頑張ろうと感じさせられます!

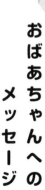

おばあちゃんへのメッセージ

誠（ヨネダ2000）

おばあちゃんは本当におばあちゃんで、本当はおばあちゃんじゃない。そんなお方です。

とにかくおせんべいをくださいます！ 永遠に元気でいてほしいです。ずっとおせんべいもほしいです。おばあちゃんと、そんな関係がずっと続くことを祈ります。おばあちゃん好きです

愛（ヨネダ2000）

おばあちゃんはいつも劇場に来ると、若者に元気もらってるわよ～と仰ってるのですが、そのおばあちゃんにいつも私が元気もらってます！ 深夜2時まで新ネタを考えてるくらいストイックで人生を楽しんでいるおばあちゃん最高!! 私も負けないように頑張ります！

待ち望まれていた人

長くお笑いに携わってきて「この人は世の中に出るだろう」と感じる人がいます。「何かを持っている」と感じるのです。特に女性芸人に多く、椿鬼奴、渡辺直美、ぼる塾・田辺などです。おばあちゃんもそう感じた一人でした。

しかし、おばあちゃんには裏切られました。存在自体が稀有なので、「こんなおばあちゃん芸人がいる」と、テレビ番組などでウワサを呼び、世の中に出ると思っていたのですが、ネタバトルを勝ち抜き、神保町よしもと漫才劇場のメンバーになってしまったのです。まさか実力でとは!

大学時代の友人の母から「おばあちゃんって芸人さん、何ものなの?」と聞かれました。友人の母はおばあちゃんと同世代。聞けば、「今のお笑いは早くてわかんないの! おばあちゃんのネタはわかるわ～」とのこと。

おばあちゃんは世の中に出る人ではありませんでした。

世の中から待ち望まれていた人だったのです。

人生100年時代と言われる現在、おばあちゃんの活躍はこれからです!

山田ナビスコ

おわりに

最後まで読んでくださり、ありがとうございました。

朝起きて、
「生きてるかい？」「生きてるよ」
夫婦で確認します。
そして仕事に行って、舞台に立って、若い人たちとおしゃべりして
家に帰ってお父さんに
「今日も楽しかった！」と報告します。
最後、寝る時は
「あー、今日も元気でよかったな。明日は何しようかな。医者だ医者だ」っていう
感じ。

今の自分は「こんなありがたいことが世の中にあるのかな」と思う日々です。

間違えて迷い込んだお笑いの世界。

山田さん、スタッフの方々、先輩芸人や同期たちに支えられてここまでくることができました。

施設にいる兄や家で待っててくれる主人も私の活躍を喜んでいます。

大学時代や川柳に書道教室……これまでの人生で出会った学びの友が応援してくれます。

皆さんには本当に感謝してもしきれない。

それでは、ネタの言葉で締めさせていただきます。

明日も元気で楽しい日が迎えられますように。

ありがとうございました！

おばあちゃん

1947年02月12日生まれ・O型・東京都国分寺市出身。吉本興業所属のお笑い芸人。定年を迎え、夫婦で老後をどうするか話し合った際に、これからは楽しくいきたいということで、夫は趣味の釣りを、著者は「吉本行くわ」ということに。71歳でNSC東京校に24期生として入学。72歳に若手芸人として活動をスタート。2023年6月、神保町よしもと漫才劇場の所属メンバーを賭けたオーディションバトルで約500組の中から勝ち上がり、史上最高齢で劇場メンバーとなった。以来、多くのメディアから取材され注目を浴び、YouTubeやライブ等、(年下だけど)先輩人気芸人からのコラボ依頼も絶えずくるように。2022年からしゅんしゅんクリニックPとのユニットコンビ「医者とおばあちゃん」でM-1グランプリに挑戦し、2023年は3回戦まで進出した。2024年2月12日、誕生日であるこの日に初の単独ライブ『祝77歳!芸歴5年目「おばあちゃん」の喜寿をお祝いする会』を開催。おばあちゃんを祝うためたくさんの先輩・同期の芸人が集まった。3月に本書を出版。また、おばあちゃんのドキュメンタリー番組がNHKワールド・総合で放送予定。

川柳　おばあちゃん
取材・文　ヨダヒロコ
撮影　TOWA
ヘアメイク　木部明美(PEACE MONKEY)
編集　馬場麻子(吉本興業)
ブックデザイン　草苅睦子(albreo)
撮影協力　株式会社セレモニー

営業　島津友彦(ワニブックス)
制作協力　蘭牟田豊彦／鈴木愛美(吉本興業)

77歳

後期高齢者

ひまができ 今日も楽しい 生きがいを

芸歴5年

芸名 おばあちゃん

2024年3月28日　初版発行

発行人
藤原寛
編集人
新井治
発行
ヨシモトブックス
〒160-0022 東京都新宿区新宿5-18-21
TEL03-3209-8291
発売
株式会社ワニブックス
〒150-8482 東京都渋谷区恵比寿4-4-9 えびす大黒ビル
TEL03-5449-2711
印刷・製本
シナノ書籍印刷株式会社

Printed in Japan
978-4-8470-7426-4 C0095